MON PREMIER LIVRE DE CUISINE
Recettes illustrées - cuisiner avec

Pour cuisiner avec les enfants, utilisez des outils adaptés à eux.

Avec ce livre ils pourront apprendre à cuisiner des recettes simples avec:
- Peu d'ingrédients par recette.
- Une compréhension de la recette avec des dessins.
- L'indication des quantités pour qu'ils apprennent à les reproduire.
- La représentation des temps de cuisson pour qu'ils suivent l'heure sur la montre.

Et une page ludique par recette pour continuer à apprendre sur le monde de la cuisine.

Fonctionnement du livre:

2 PAGES PAR RECETTE

1 page ludique sur la recette — 1 page pour la recette illustrée

4 COULEURS,
- 11 bases en cuisine. Ces recettes vous serviront de base pour d'autres recettes du livre.
- 10 entrées
- 10 plats
- 10 desserts

EQUIVALENCE THERMOSTAT ET TEMPÉRATURE DU FOUR:
Four tiède
Thermostat 1 = 30°C   Thermostat 2 = 60°C
Four doux
Thermostat 3 = 90°C   Thermostat 4 = 120°C
Four moyen
Thermostat 5 = 150°C   Thermostat 6 = 180°C
Four chaud
Thermostat 7 = 210°C

- Température du four
- Numéro d'étape de la recette
- Dessin ingrédient
- Quantité nécessaire
- Récipient nécessaire
- Ustensile de cuisine nécessaire
- Temps de cuisson

ABRÉVIATIONS UTILISÉES DANS LE LIVRE:
- C. à C. : cuillère à café.
- C. à S. : Cuillère à soupe.
- L. : Litre.
- Cl. : Centilitre.
- Gr. : Gramme.
- Kg. : Kilogramme.
- °C : Degré Celsius.

⚠ PRÉCAUTIONS À PRENDRE:
- Les cuissons doivent être gérées par un adulte. Risque de brûlures.
- L'utilisation d'un couteau doit être faite par un adulte. Risque de coupures.
- Pour l'utilisation des ciseaux, prendre des ciseaux adaptés aux enfants de jeunes âge.

SOMMAIRE
RECETTES DE BASES

PAGE	RECETTE				
07	**Pâte brisée**				
	300 Gr. de farine 150 Gr. de beurre	3 C. à S. de sucre en poudre 1/2 C. à C. de sel	1/2 verre d'eau		1 pâte Préparation: 15 minutes Repos: 30 minutes
09	**Pâte à pizza**				
	250 Gr. de farine 15 Gr. levure boulanger	1 pincée de sucre en poudre 1/2 C. à C. de sel	2 C. à S. huile d'olive Eau		1 pâte Préparation: 15 minutes Repos: 90 minutes
11	**Vinaigrette**				
	1 C. à S. vinaigre 4 C. à S. huile d'olive 1 C. à C. de moutarde	1 pincée de sel 1 pincée de poivre			4 personnes Préparation: 5 minutes
13	**Béchamel**				
	40 Gr. de farine 40 Gr. de beurre 1/2 L de lait	1 pincée de sel 1 pincée de poivre			6 personnes Préparation: 10 minutes Cuisson: 15 minutes
15	**Ketchup**				
	150 Gr. concentré tomate 10 morceaux sucre en morceaux	10Cl. vinaigre 1 pincée de sel 1 pincée de poivre			4 personnes Préparation: 10 minutes
17	**Sauce tomate**				
	2 oignons 2 boites concassé tomates	4 C. à S. huile d'olive 1 pincée herbes de provence	1 pincée de sel 1 pincée de poivre		4 personnes Préparation: 10 minutes Cuisson: 5 minutes
19	**Sauce bolognaise**				
	500 Gr. boeuf haché 300 Gr. pulpe de tomate	1 filet huile d'olive 1 oignon 1 gousse d'ail	1 C. à C. herbes de provence 1 brin de basilic		4 personnes Préparation: 15 minutes Cuisson: 15 minutes
21	**Purée pommes de terre**				
	1 Kg. pommes de terre 20 Cl. lait	1 jaune d'oeuf 50 Gr. de beurre	Eau		4 personnes Préparation: 12 minutes Cuisson: 30 minutes
23	**Caramel**				
	100 Gr. de sucre en poudre	1 sachet sucre vanillé	2 C. à S. d'eau		100 Grammes Préparation: 10 minutes Cuisson: 10 minutes
25	**Crème anglaise**				
	150 Gr. de sucre en poudre 8 jaunes d'oeufs	1L. de lait 1 gousse de vanille			4 personnes Préparation: 15 minutes Cuisson: 15 minutes
27	**Pâte à tartiner**				
	200 Gr. chocolat noir 150 Gr. margarine végétale	400 Gr. lait concentré Noisettes en poudre			4 personnes Préparation: 15 minutes Cuisson: 5 minutes

SOMMAIRE
ENTRÉES

PAGE	RECETTE			
29	**Croque-monsieur**			
	2 tranches pain de mie béchamel recette page 13	1 tranche de jambon Fromage râpé		1 personne Préparation: 10 minutes Cuisson: 10 minutes
31	**Petites pizzas**			
	1 pâte à pizza 100 Gr. sauce tomate 1 tomate	1 gousse d'ail parmesan râpé		4 personnes Préparation: 10 minutes Cuisson: 12 minutes
33	**Quiche lorraine**			
	1 pâte brisée 300 Gr. lardons fumés 3 oeufs	30 Cl. crème fraîche 25 Cl. lait Fromage râpé	1 pincée de sel	4 personnes Préparation: 15 minutes Cuisson: 30 minutes
35	**Rillettes de thon**			
	300 Gr. thon 2 petits suisses	1/2 citron pressé 1 C. à C. moutarde 1 C. à S. basilic ciselé		300 Grammes Préparation: 15 minutes
37	**Oeuf mimosa**			
	6 oeufs 3 C. à S. mayonnaise	1 C. à S. vinaigre 1 poignée de persil	1 pincée de sel 1 pincée de poivre eau	6 personnes Préparation: 15 minutes Cuisson: 10 minutes
39	**Flammeküche**			
	1 pâte à pizza 2 oignons 300 Gr. lardons	150 Gr. fromage blanc 50 Gr. crème fraîche épaisse	1 pincée de sel 3 pincée de noix de muscade	4 personnes Préparation: 12 minutes Cuisson: 30 minutes
41	**Quiche carotte fromage râpé**			
	1 pâte brisée 1 carotte 3 oeufs	100 Gr. fromage râpé 10 Cl. lait	1 pincée de sel 1 pincée de poivre	4 personnes Préparation: 15 minutes Cuisson: 25 minutes
43	**Omelette fromage**			
	7 oeufs 1 C. à S. de crème fraîche 200 Gr. fromage râpé	2 C. à S. de ciboulette 1 pincée noix de muscade 30 Gr. beurre	1 pincée de sel 1 pincée de poivre	4 personnes Préparation: 10 minutes Cuisson: 10 minutes
45	**Friand saucisse de Strasbourg**			
	1 pâte feuilletée 6 saucisses de strasbourg	1 jaune d'eouf		4 personnes Préparation: 10 minutes Cuisson: 15 minutes
47	**Salade pommes de terre thon**			
	6 grosses pommes de terre 125 Gr. fromage st moret 250 Gr. thon	1/2 jus de citron 6 cornichons 1 poignée de persil	1 pincée de sel 1 pincée de poivre eau	4 personnes Préparation: 15 minutes Cuisson: 25 minutes

SOMMAIRE
PLATS

PAGE	RECETTE			
49	**Macaroni cheddar**			
	280 Gr. macaronis 50 Gr. beurre 50 Gr. farine	275 Gr. fromage rapé cheddar 70 Gr. lait	50 Gr. chapelure blanche 1 C. à C. moutarde eau	4 personnes Préparation: 15 minutes Cuisson: 23 minutes
51	**Nuggets de poulet**			
	4 blancs de poulet lait épices au choix	125 Gr. farine 2 oeufs 125 Gr. chapelure	1 pincée de sel 1 pincée de poivre	4 personnes Préparation: 15 minutes Cuisson: 15 minutes
53	**Boulettes de viandes**			
	400 Gr. de viandes cuites 1 gousse d'ail 1 oignon	1 oeuf pain sec lait	1 poignée de persil sauce tomate recette page 17	4 personnes Préparation: 12 minutes Cuisson: 15 minutes
55	**Hamburger**			
	2 pains hamburger 300 Gr. boeuf haché 1 jaune d'oeuf	2 tranches fromage hamburger	1 pincée de sel 1 pincée de poivre	2 personnes Préparation: 15 minutes Cuisson: 5 minutes
57	**Hachis parmentier**			
	Purée recette Page 21 500 Gr. boeuf haché	1 oignon 3 branches de persil 50 Gr. fromage rapé	1 C. à S. huile	4 personnes Préparation: 15 minutes Cuisson: 40 minutes
59	**Lasagne**			
	Sauce bolognaise recette page 19 béchamel recette page 13	12 feuilles de lasagne 50 Gr. Fromage rapé 15 Gr. parmesan	20 Gr. beurre	6 personnes Préparation: 20 minutes Cuisson: 30 minutes
61	**Croquettes de poisson**			
	400 Gr. poisson blanc 1 oignon 3 branches de cerfeuil	2 Oeufs 125 Gr. chapelure 50 Gr. beurre	1 pincée de sel	4 personnes Préparation: 15 minutes Cuisson: 15 minutes
63	**Gratin de coquillettes au fromage**			
	250 Gr. coquillettes 10 Cl. lait 10 Cl. crème fraîche liquide	140 Gr. fromage rapé 25 Gr. parmesan	2 pincées de sel 1 pincée de poivre eau	4 personnes Préparation: 15 minutes Cuisson: 30 minutes
65	**Purée de carottes**			
	500 Gr. carottes 500 Gr. pommes de terre 2 tranches de jambon blanc	125 Gr. fromage type vache qui rit	1 pincée de sel eau	4 personnes Préparation: 15 minutes Cuisson: 40 minutes
67	**Pommes de terre au four**			
	4 pommes de terre moyennes 80 Gr. fromage blanc à la crème	2 C. à S. ciboulette	1 pincée de sel 1 pincée de poivre	4 personnes Préparation: 15 minutes Cuisson: 35 minutes

SOMMAIRE
DESSERTS

PAGE	RECETTE			
69	**Crêpes**			
	250 Gr. farine 3 oeufs 1/2 L. lait	1 C. à S. huile 1 sachet sucre vanillé	1 pincée de sel	16 crêpes Préparation: 10 minutes Repos: 2 heures
71	**Tarte au citron**			
	1 pâte brisée 4 citrons pressés 6 oeufs	150 Gr. beurre 120 Gr. sucre en poudre		6 personnes Préparation: 15 minutes Cuisson: 30 minutes
73	**Crème aux oeufs et caramel**			
	caramel recette page 23 3 oeufs 70 Gr. sucre en poudre	15 Cl. crème fraîche liquide 2 C. à C. extrait vanille 50 Cl. lait		4 personnes Préparation: 15 minutes Cuisson: 55 minutes
75	**Gâteau breton**			
	8 jaunes d'oeufs 150 Gr. beurre demi-sel 150 Gr. sucre en poudre	300 Gr. farine 1/2 sachet de levure 20 Gr. beurre pour moule		6 personnes Préparation: 10 minutes Cuisson: 35 minutes
77	**Crumble aux pommes**			
	6 pommes 100 Gr. beurre 120 Gr. sucre en poudre	150 Gr. farine 20 Gr. beurre pour le moule		6 personnes Préparation: 15 minutes Cuisson: 20 minutes
79	**Rose des sables**			
	200 Gr. chocolat noir 140 Gr. Corn flakes	50 Gr. beurre		15 à 20 roses Préparation: 10 minutes Repos: 20 minutes
81	**Clafoutis**			
	500 Gr. cerises noires 25 Cl. de lait 3 Oeufs	25 Gr. beurre 2 C. à S. farine 4 C. à S. de sucre		4 personnes Préparation: 15 minutes Cuisson: 45 minutes
83	**Cookie**			
	100 Gr. pépites de chocolat 2 à 3 C. à S. cacao non sucré 1 oeuf	90 Gr. cassonade en poudre 95 Gr. beurre 1 sachet sucre vanillé	150 Gr. farine 1/2 C. à S. levure boulanger 1 pincée de sel	12 gâteaux Préparation: 15 minutes Cuisson: 8 minutes
85	**Gâteau au chocolat**			
	200 Gr. chocolat noir 100 Gr. beurre 4 Oeufs	200 Gr. sucre en poudre 70 Gr. farine 20 Gr. beurre pour le moule		6 personnes Préparation: 15 minutes Cuisson: 35 minutes
87	**Brownies aux noix**			
	100 Gr. noix décortiquées 250 Gr. chocolat noir 3 oeufs	120 Gr. sucre en poudre 60 Gr. farine 150 Gr. beurre	1 pincée de sel 20 Gr. beurre pour le moule	6 personnes Préparation: 15 minutes Cuisson: 20 minutes

LE SAVAIS TU ?

PÂTE BRISÉE

A l'origine, la pâte brisée servait de contenant.
Par exemple : on cuisait la viande dedans.
Pourquoi ?
Car cette pâte a une grande capacité à retenir l'humidité.

Un autre nom pour la pâte brisée ?
On l'appelait à l'origine la pâte à foncer.
Foncer un moule : c'est étaler la pâte à tarte dans un moule à tarte, que la pâte soit bien mise sur le pourtour du moule.

Astuces de préparation:

1. Pour réaliser la pâte, l'eau est importante. L'eau doit être froide et il est conseillé de rajouter l'eau petit à petit, afin que la pâte ne durcisse pas trop d'un coup.

2. Rajoutez un peu de jus de citron ou du vinaigre blanc à votre eau. Le développement du gluten sera ralenti par l'acidité. La pâte n'en sera que plus tendre.

3. Avant d'étaler la pâte, laissez la refroidir 30 minutes au réfrigérateur. Ainsi, elle sera plus facile à étaler et elle réduira moins au four.

4. Percez votre pâte en fond de moule pour relâcher la vapeur et éviter qu'à la cuisson la pâte ramollisse.

5. Avant de commencer, pensez à mettre tous les ingrédients au réfrigérateur. Le beurre, le sucre, la farine. TOUT!

6. Ne pas trop pétrir la pâte. La chaleur des mains va accentuer le développement du gluten. Trop étaler la pâte aura le même effet.

7. Etalez votre pâte entre deux feuilles de papier cuisson. La pâte étant fragile, elle se déchirera moins facilement et elle ne collera pas au papier.

8. Pour obtenir une pâte dorée, battez un oeuf avec un peu de crème et appliquez ce mélange avec un pinceau sur la pâte.

PÂTE BRISÉE

1 pâte

1. Mélanger

- 300 gr de farine de blé
- 3 C à S de sucre en poudre 
- 1/2 C à C de sel

2. Pétrir

150 gr de beurre

Résultat à obtenir: semoule grossière.
Conseil: Pensez à sortir le beurre 3h avant, ou le faire fondre au micro-onde.

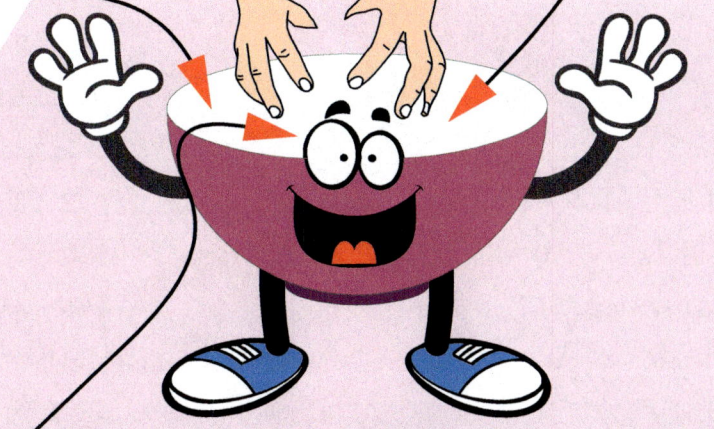

3. Ajouter et pétrir

Résultat à obtenir: la pâte doit se lier. Il faut très peu d'eau.

1/2 verre d'eau

4. Filmer la pâte et laisser reposer dans le réfrigérateur

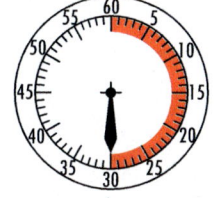

30 minutes

5. Etaler

Pour étaler facilement: Etaler sur papier de cuisson et cuire tel quel.

LE SAVAIS TU ?

PÂTE À PIZZA

La pizza a plus de 400 ans.

A cette époque, la pizza était un morceau de pâte écrasée garnie de saindoux et pour les plus aisés venait s'ajouter un peu de fromage et de basilic.

> Ce sont les napolitains qui ont ajoutés à la pâte à pizza de la tomate, de l'huile d'olive, du sel et du poivre. La Mozzarella ne sera ajoutée qu'en 1800.

> La pizza est un des plats les plus consommé au monde.

« L'art de fabriquer des pizzas napolitaines artisanales traditionnelles par les pizzaiolos napolitains » est inscrit au Patrimoine mondial de l'UNESCO depuis 2017.

Astuces de préparation:

1. Parfumez la pâte à pizza en mélangeant de l'origan, du basilic, du romarin ou du thym, ou mélangez avec des épices comme le cumin ou le curry.

2. Lorsque vous faites une pâte à pizza, prévoyez d'en faire en plus grande quantité. Ainsi, vous pourrez mettre le reste de la pâte dont vous vous servez pas au congélateur. Pour stocker votre pâte au congélateur, enveloppez-là dans un film alimentaire.

3. Une bonne pizza, c'est une pâte croustillante. Pour obtenir une pâte croustillante, mettre un bol d'eau à côté de la pâte dans le four, ce qui va dégager de la vapeur et donner une pâte qui croustille.

4. Une bonne pizza, c'est choisir les bons ingrédients. Pour la farine, les professionnels utilisent une farine de type 00. Vous pouvez aussi prendre une farine de blé T45.

PÂTE À PIZZA

1 pâte

1. Mélanger  
- 2 c à s eau tiède
- 15 gr de levure boulangère

2. Laisser reposer 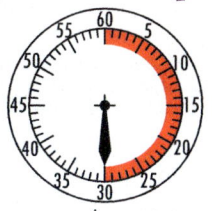
- 30 minutes

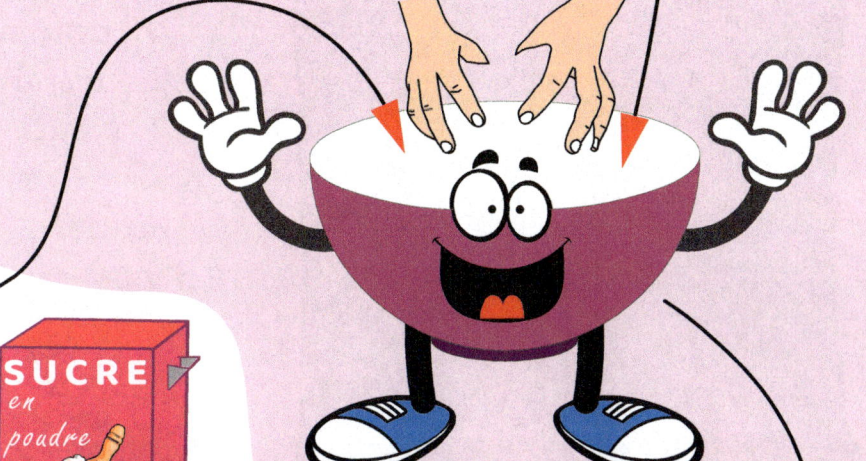

3. Mélanger
- 250 gr de farine de blé 
- 2 c à s huile d'olive  
- 1 pincée de sucre en poudre
- 1/2 C à C de sel 
- 15 cl d'eau petit à petit

4. Pétrir

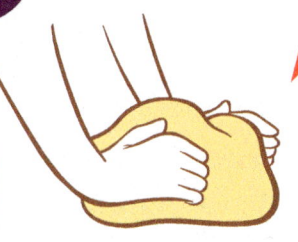

Résultat à obtenir : une boule homogène qui ne colle pas.

5. Saupoudrer de farine et laisser reposer

la recouvrir d'un linge avant de la faire reposer 60 minutes

LE SAVAIS TU ?

VINAIGRETTE

Histoire

La vinaigrette passe pour être une sauce typiquement française. C'est un chevalier nommé Albignac, sans argent, qui partit en Angleterre, et là-bas, il fut engagé pour faire les vinaigrettes dans les maisons. Il eut pour titre le " fashionable salad maker" qui veut dire " le fabricant de salades à la mode".

Pour un côté original:

Optez pour une vinaigrette au jus d'orange : jus d'1/2 orange + 1 cuil. à café de vinaigre de vin + 3 cuil. à soupe d'huile neutre.

Conseils, variantes:

1. Vous pouvez varier les huiles (colza, pépins de raisins ...) et les vinaigres (de xérès, de vin ...). Faites des tests pour trouver votre préférence.

2. Parfois, l'huile est remplacée par la crème fraîche.

3. Vous pouvez remplacer le vinaigre par un autre acide, comme le jus de citron, d'orange, de pamplemousse.

4. la moutarde peut aussi se changer.

Astuces de préparation:

1. Dissoudre le sel dans le vinaigre car dans l'huile le sel ne se dissout pas.

2. Pour éviter que l'huile ne remonte ajouter à votre vinaigrette de l'eau bouillante, à la fin de votre préparation. L'eau permettra de fixer le gras de l'huile.

3. La moutarde est facultative avec les huiles fruitées (noix, noisette, olive ...). Mais recommandée avec les huiles neutres (arachide, tournesol, maïs, soja).

VINAIGRETTE

4 personnes

1 Verser

1 pincée de sel

1 c à s de vinaigre

2 Ajouter et mélanger

1 pincée de poivre

4 c à s huile d'olive

1 C à C de moutarde

Résultat à obtenir :
Une vinaigrette homogène.

LE SAVAIS TU ?

BÉCHAMEL

On date l'origine de la sauce béchamel aux cuisines de Louis XIV. Son maître d'hôtel se nommait Louis de Béchameil (c'était un marquis). On a donné à la sauce le nom de son utilisateur. A cette époque, cette sauce se préparait avec des jus de viande et de l'échalote

Pour réussir sa béchamel, il faut 3 ingrédients, mais aussi 3 ustensiles. Une casserole avec un fond épais pour bien répartir la chaleur et éviter que la farine vienne à brunir. Un fouet pour mélanger le lait et le roux. La spatule en bois pour mélanger le tout.

Astuces de préparation:

1. Le lait que vous incorporez dans le roux doit être bien froid et surtout pas en température ambiante.

2. Pour ne pas rater votre béchamel, il ne faut pas arrêter de remuer la casserole sinon la farine et le beurre vont cuire séparément et épaissir et vous allez voir apparaître des grumeaux. Autre risque si vous ne mélangez pas constamment votre préparation, elle risque d'accrocher au fond.

3. Vous pouvez rajouter une pincée de muscade dans la sauce vers la fin de la cuisson.

Lorsqu'on mélange de la farine avec du beurre fondu, on appelle ça un roux.

Eviter les grumeaux:

1. Tamisez la farine avant de l'incorporer au beurre fondu.

2. Vous pouvez au niveau de la farine mettre pour la quantité prévue la moitié en farine et l'autre moitié en maïzena.

BÉCHAMEL

6 personnes

1. Faire fondre

40 gr de beurre

2. Ajouter sans arrêter de tourner

40 gr de farine de blé

3. Ajouter et mélanger

1/2 l de lait

1 pincée de sel

1 pincée de poivre

feu doux

Conseil:
Mélangez pour éviter les grumeaux.

4. Porter à ébullition

Conseil:
Goutez et rectifiez l'assaisonnement à ce moment.

Résultat à obtenir:
Une sauce épaisse.

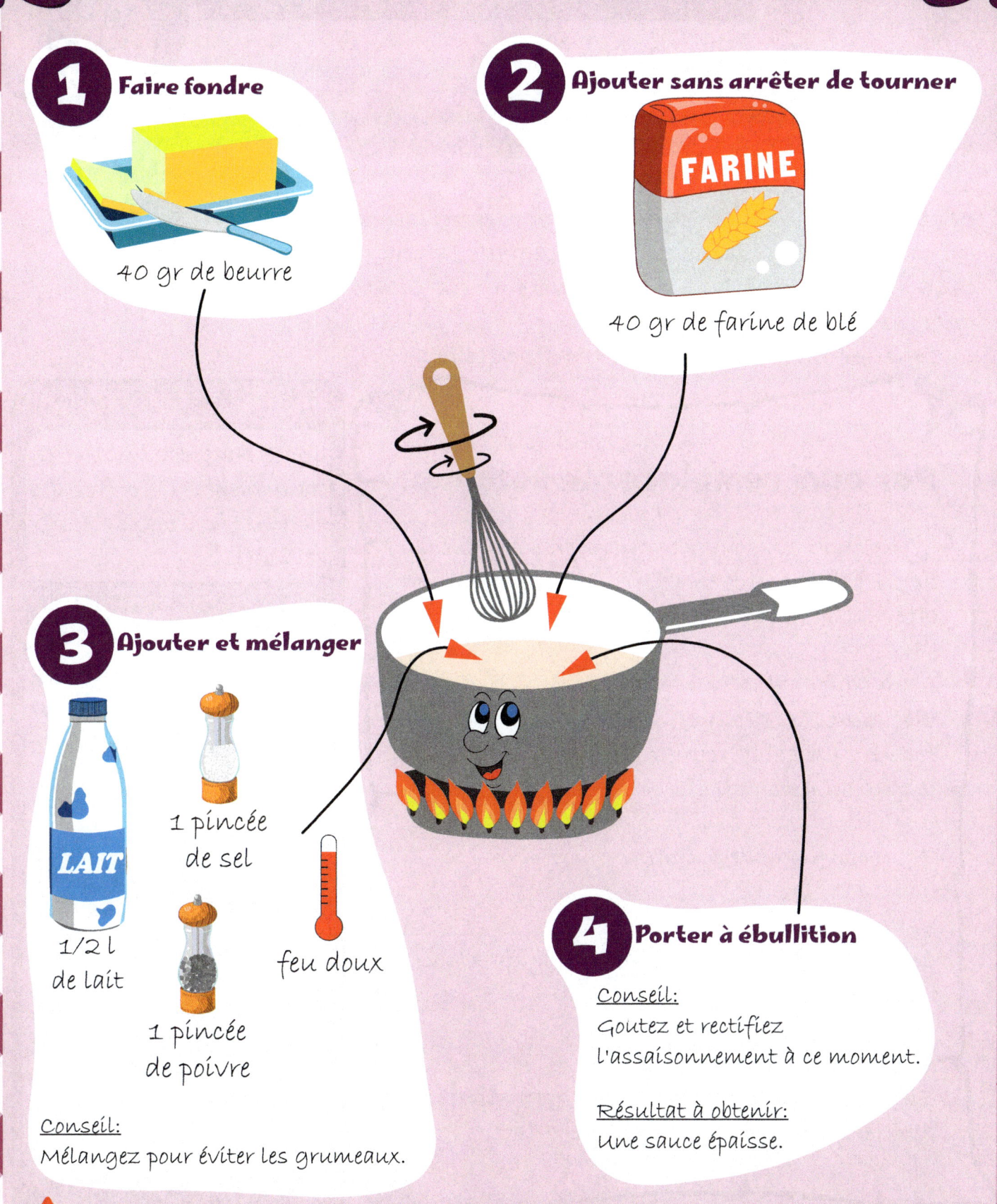

⚠ Cuisson à gérer par un adulte.

LE SAVAIS TU ?

KETCHUP

Histoire :

Au XVIIème siècle, des marins anglais rapportèrent d'Orient une sauce piquante nommée ké-tsiap qui servait à assaisonner leurs plats à bord.
Cette sauce était trop forte en goût pour les occidentaux. Ils ont transformé la sauce en y ajoutant de la tomate, vers 1800. C'est vers 1876 que le sucre a été ajouté à la préparation.
La sauce ké-tsiap est devenue le tomato ketchup.

Par quoi remplacer le ketchup :

Le ketchup est souvent controversé en raison de sa forte teneur en sucre. Il existe d'autres alternatives pour remplacer ce condiment.

1. La sauce salsa.
Elle peut se décliner sous de nombreuses formes. La salsa roja est celle qui ressemble le plus au ketchup.

2. La confiture de tomates.

3. La sauce barbecue.
Cette sauce par rapport au ketchup a une touche fumée.

4. La sauce sriracha.
Sauce piquante, sa couleur et sa consistance donnent l'aspect d'un ketchup écarlate.

Le ketchup est unique en condiment, il offre des saveurs sucrées, salées et acidulées.

Le ketchup est un condiment (substance de saveur forte destinée à relever le goût des aliments).

On utilise souvent le ketchup dans un autre domaine que la cuisine. Le cinéma, dans les films amateurs, on s'en sert pour imiter une hémorragie.

KETCHUP

4 personnes

1. Verser
10 morceaux de sucre en morceaux

2. Ajouter
Vinaigre de vin

10 Cl de vinaigre

Résultat à obtenir:
Mélanger jusqu'à ce que le sucre soit fondu.

3. Mélanger
150 gr de concentré de tomates

1 pincée de sel

1 pincée de poivre

4. Conserver au frais

LE SAVAIS TU ?

SAUCE TOMATE

Pendant 2 siècles, la tomate est restée une plante ornementale, car elle était considérée comme une plante vénéneuse.

L'utilisation de la tomate en cuisine remonte à la fin du XVIIème siècle.

En Grèce, la sauce tomate est complétée d'huile d'olive ou de beurre.

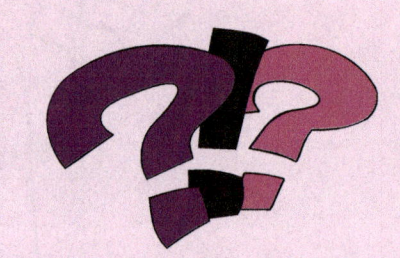

La sauce tomate accompagne nombre de plats comme la sauce bolognaise ou encore de nombreuses garnitures de pizzas.

Conseil

Pour neutraliser le côté acide de votre sauce tomate, vous pouvez soit y ajouter du sucre (mais attention de ne pas en abuser) soit une carotte.

Astuces de préparation:

1. Pour éviter les grumeaux, tamisez la farine pour qu'elle soit la plus fine possible.

2. Vous pouvez ajouter des aromates à la préparation afin d'apporter plus de goût et de varier les saveurs. Comme par exemple de la noix de muscade râpée, une pincée de paprika, une pincée de curry, etc...

SAUCE TOMATE

4 personnes

⚠️ Utilisation couteau: à faire par un adulte. Risque de coupures.

1. Eplucher et couper en dés

- les peler
- les émincer

2 oignons

2. Chauffer

5 minutes

4 c à s huile d'olive

3. Mélanger

- 2 boîtes de concassé de tomates
- 1 pincée de sel
- 1 pincée herbes de provence
- 1 pincée de poivre

4. Option: mixer

⚠️ Cuisson à gérer par un adulte.

17

LE SAVAIS TU ?

SAUCE BOLOGNAISE

Vous avez de la sauce bolognaise que faire avec !

1. Des spaghettis bolognaises.
2. Des lasagnes à la bolognaise.
3. Conchiglies (ce sont des grosses pâtes à farcir) farcies à la bolognaise.
4. Des cannelonis gratinés farcis à la bolognaise.
5. Légumes à la bolognaise.
6. Polenta à la bolognaise.
7. Blé à la bolognaise.
8. Vol-au-vent à la bolognaise.
9. Pizza à la bolognaise.

Devinette
Quel est le point commun entre un ROBOT et des pâtes BOLOGNAISES ?

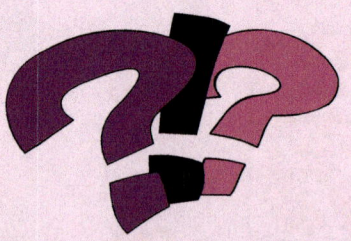

« Le chat est comme la sauce bolognaise, il retombe toujours sur ses pâtes. »
Humour

Astuces de préparation:

1. Pour éviter les grumeaux tamisez la farine pour qu'elle soit la plus fine possible.

2. Vous pouvez ajouter des aromates à la préparation afin d'apporter plus de goût et de varier les saveurs. Comme par exemple de la noix de muscade râpée, une pincée de paprika, une pincée de curry, etc…

Solution devinette:
- Ils sont tous les deux automates !

SAUCE BOLOGNAISE | 4 personnes

⚠️ Utilisation couteau: à faire par un adulte. Risque de coupures.

1 — Emincer et chauffer

- 1 oignon → le peler → l'émincer
- ail → 1 gousse d'ail haché → l'émincer
- 1 filet d'huile d'olives

2 — Ajouter et mélanger

- 300 gr de pulpe de tomates
- 500 gr Boeuf haché

3 — Parsemer et oter du feu

- 1 Brin basilic
- 1 c à c herbes de provence

⚠️ Cuisson à gérer par un adulte.

19

LE SAVAIS TU ?

PURÉE DE POMMES DE TERRE

Humour
Deux patates se rencontrent dans la rue, chacune sur un trottoir. L'une décide de traverser, mais se fait écraser par une voiture. L'autre patate dit alors : "Oh purée !"

Devinette :
Quel est le comble d'une pomme de terre ?

Eplucher avant ou après la cuisson?

Avant: Si vous épluchez, coupez en morceaux et lavez vos pommes de terre, avant de les cuire. Votre purée prendra mieux les saveurs et sera moins collante, mais rendra plus d'eau. Les avoir lavé aura retiré l'amidon.

Après: Faire cuire les pommes de terre et les retirer une fois cuites pour les éplucher et les couper, va vous apporter une texture plus entière à votre purée mais elle risque également de coller à cause de l'amidon.

Astuces de préparation:

1. Pour une bonne purée préférer les pommes de terre farineuses.

2. Ecrasez vos pommes de terre avec une méthode manuelle, n'utilisez pas de mixeur ou de robot.

20 Solution devinette: - C'est qu'elle s'effrite.

PURÉE DE POMMES DE TERRE | 4 personnes

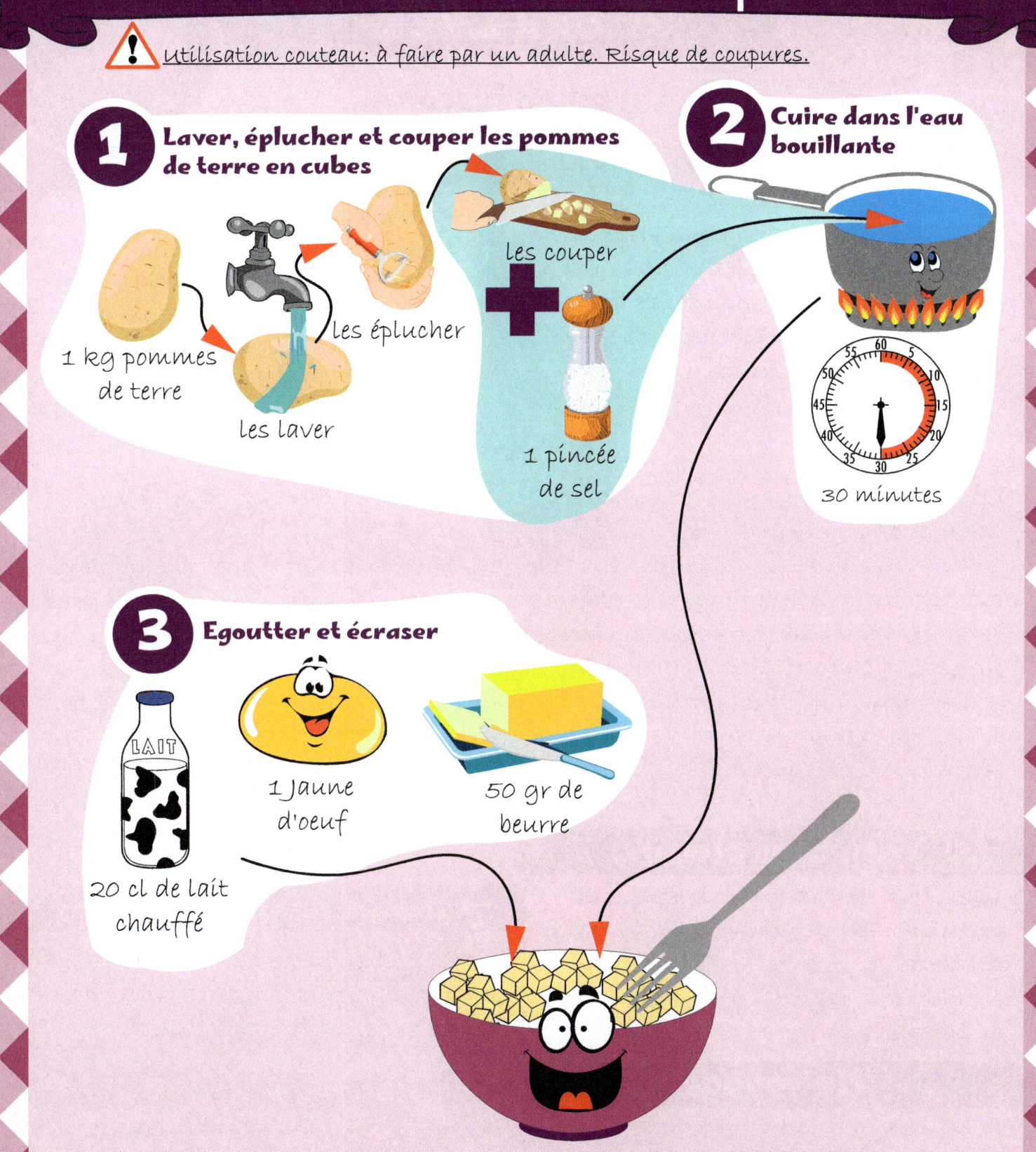

⚠️ *Utilisation couteau: à faire par un adulte. Risque de coupures.*

1 Laver, éplucher et couper les pommes de terre en cubes

- 1 kg pommes de terre
- les laver
- les éplucher
- les couper
- 1 pincée de sel

2 Cuire dans l'eau bouillante

30 minutes

3 Egoutter et écraser

- 20 cl de lait chauffé
- 1 jaune d'oeuf
- 50 gr de beurre

Résultat à obtenir: Une purée bien consistante

⚠️ *Cuisson à gérer par un adulte.*

LE SAVAIS TU ?

CARAMEL

Un peu d'histoire

Le caramel a une origine lointaine. Il apparaît au VIIe siècle chez les Arabes qui avaient conquis la Perse : les Arabes, découvrant les récoltes de canne à sucre, font connaissance avec les techniques d'obtention du caramel fondu.

Les Égyptiens répandirent l'usage du caramel, avant qu'il ne se développe à l'échelle mondiale.

A savoir:

Lorsque la cuisson arrive à 155 degrés, le caramel prend forme et va commencer à changer de couleur.

C'est à vous de décider d'arrêter la cuisson en fonction de vos goûts. Il faut savoir que plus il est foncé et plus, il est amer. Afin de mieux voir la couleur de votre caramel, vous pouvez tremper un morceau de papier sulfurisé et voir ainsi si elle correspond à vos attentes.

S'il est trop cuit, vous ne pourrez pas revenir en arrière alors si vous le trouvez à point, plonger votre casserole dans une casserole d'eau froide afin de le faire refroidir rapidement.

Varier les plaisirs:

Une fois le caramel refroidi, vous pouvez ajouter de la vanille, des copeaux de chocolat, des écorces d'oranges ou encore de la cannelle afin d'aromatiser la préparation.

Nettoyage:

Pour nettoyer sa casserole après avoir réalisé son caramel, remplissez la casserole d'eau avec le reste de caramel et portez à ébullition afin de faire partir les dernières particules.

Astuces de préparation:

1. Utilisez du sucre blanc, mais pas du sucre roux. Utilisez une casserole assez large pour éviter les projections.

2. Pour éviter que le sucre ne se cristallise et pour que le caramel soit toujours liquide, versez quelques gouttes de citron ou de vinaigre dans l'eau.

CARAMEL | 100 grammes

1 Chauffer
2 c à s d'eau

2 Mélanger
100 gr de sucre en poudre

3 Mélanger
1 sachet Sucre vanillé

<u>Résultat à obtenir:</u>
Caramel blond.
<u>Conseil:</u>
Pour garder le caramel liquide ajouter 1 cuillère à soupe d'eau froide.

⚠ <u>Cuisson à gérer par un adulte.</u>

LE SAVAIS TU ?

CRÈME ANGLAISE

La crème anglaise a été découverte en Angleterre au XVIème siècle. A l'époque, on la faisait épaissir beaucoup plus que ce qu'on fait maintenant et elle était servie chaude.

La crème anglaise est appelée "Custard" au Royaume-Uni.

Avec quoi servir crème anglaise:

1. Brownie.
2. Moelleux au chocolat.
3. Crumble
4. Gâteau au yaourt.

Devinette :

Comment appelle-t-on un gentil Britannique?

Astuces de préparation:

1. Délayer dans le lait une cuillerée à dessert de Maïzena. La cuisson étant délicate, cela évitera de faire tourner la crème.

2. Pour que votre crème est un bon petit goût de vanille. Laissez infuser au moins 10 minutes hors du feu.

3. Mélangez les jaunes d'oeufs et le sucre énergiquement. Le mélange doit blanchir, devenir blanc et mousseux.

4. Ne pas cuire la préparation de manières trop agressives. La température idéale est de 83°C.

5. A la fin de la préparation, avant de la mettre au réfrigérateur, passez votre crème au chinois. Cela permettra de retirer toutes les impuretés à votre préparation mais aussi de la refroidir plus rapidement.

Solution devinette: - Une crème anglaise.

CRÈME ANGLAISE

4 personnes

1 Mélanger

8 Jaunes d'oeufs

150 gr de sucre en poudre

Résultat à obtenir :
Le mélange doit devenir mousseux.

2 Faire bouillir

1 l de lait

Gousse vanille fendue en deux

Verser

3 Mélanger

1. Retirer la gousse de vanille.
2. Verser le lait chaud sur le mélange oeufs, sucre.
3. Mélanger le tout en remuant bien.

4 Remettre à chauffer

1. Refaire chauffer à feu doux.
2. Mélanger sans atteindre l'ébullition.
3. Arrêter lorsque la mousse a complètement disparue.

5 Verser dans un récipient froid

⚠ Cuisson à gérer par un adulte.

25

LE SAVAIS TU ?

PÂTE À TARTINER

Histoire

La pâte à tartiner trouve son origine en Italie avec le "Gianduja" (pâte de chocolat et de noisettes finement broyées). Elle a été inventée par les pâtissiers de Turin pendant un blocus ordonné par Napoléon.

Astuces de préparations:

Au lieu d'utiliser de la poudre de noisettes, achetez des noisettes fraîches et passez-les au mixeur. Le goût n'en sera que plus fort. Pour accentuer le goût de la torréfaction, vous pouvez passer les noisettes 25 minutes au four à 150°C avant de les mixer.

Histoire

En 1946, un pâtissier du nom de Pietro Ferrero a créé une brique en chocolat à trancher que l'on pouvait étaler sur du pain, des biscottes ou une crêpe.

Histoire

L'été 1949, une importante canicule, touche l'Italie et fait fondre les briques de chocolat. Pour faire face à ce phénomène les artisans décident de mettre le chocolat en pot. Ce qui rapporta, immédiatement un grand succès.

Astuces de préparation:

Délayez dans le lait une cuillerée à dessert de Maïzena. La cuisson étant délicate, cela évitera de faire tourner la crème.

PÂTE À TARTINER | 4 personnes

1 Faire fondre

200 gr Chocolat noir en morceaux

150 gr margarine végétale

2 Laisser refroidir

5 minutes

3 Ajouter

Noisettes en poudre

400 gr de lait concentré

4 Laisser au frais

5 heures minimum

⚠ Cuisson à gérer par un adulte.

LE SAVAIS TU ?

CROQUE-MONSIEUR

Histoire :

La trace la plus ancienne du croque-monsieur remonte à la fin du XIXème siècle. On pouvait lire, en 1891, dans "la revue athlétique" :

« Il est tard et nous avons grand faim. Que faire pour le déjeuner ? Le jambon devient monotone à la longue. Le Diplomate qui est un peu gourmand, en quoi il ressemble à Talleyrand, a une idée. "Faisons des croque-monsieur". Vite le pain à toast, le beurre, le fromage de gruyère, le jambon, un peu de poivre de Cayenne et à l'œuvre. L'un coupe, l'autre beurre, le troisième réunit le tout en sandwichs que Vincent fait sauter dans la poêle. Ils sont exquis, les croque-monsieur, un peu gros peut-être, faits pour des mâchoires de géants, mais qu'importe. On en mange, on y revient, on s'extasie. »

On retrouve pour la première fois, un croque-monsieur au menu d'un café parisien, Boulevard des Capucines, en 1910.

On le voit arriver dans la cuisine familiale au début du XXème siècle.

Quelques variantes :

1. Avant de griller le pain, on le fait baigner dans des oeufs battus.

2. Le croque-madame est un croque-monsieur surmonté d'un oeuf au plat à cheval.

3. Le croque-auvergnat est avec du bleu d'Auvergne.

4. Le croque-provençal est avec des tomates.

5. Le croque-norvégien avec du saumon.

6. Le croque-tartiflette avec des pommes de terre.

7. Le croque-hawaïen avec une rondelle d'ananas.

8. Le croque-monsieur bourguignon avec de la moutarde de Dijon.

CROQUE-MONSIEUR | 1 sandwich

1 Préparer une béchamel, recette page 13.

2 Empiler les ingrédients dans l'ordre

- Fromage rapé **07**
- recouvrir de béchamel **06**
- 1 tranche pain de mie **05**
- Fromage rapé **04**
- 1 tranche de jambon **03**
- recouvrir de béchamel **02**
- 1 tranche pain de mie **01**

3 Cuire au four

10 minutes

Thermostat 220 °C

⚠ Cuisson à gérer par un adulte.

LE SAVAIS TU ?

PIZZA

Jusqu'au XVIIIème siècle, la pizza était blanche (pizza bianca). Avant cette date, les tomates étant de la même famille que la belladone toxique, n'étaient pas considérées comme comestibles. Petit à petit la pizza bianca est détrônée par la pizza rossa (pizza rouge).

La pizza Margharita a été créée en hommage à la reine Marguerite de Savoie, lors d'un voyage à Naples.

Variantes de la pizza:

1. La pizza al metro, créée dans les années 1950 par le boulanger Luigi Dell'Amura, est une pizza longue d'un mètre, originaire de la péninsule de Sorrente.

2. La pizza di scarola prend la forme d'une tourte.

3. La pizzetta est une petite pizza servie en antipasti (hors-d'oeuvre).

4. La pizza au chocolat est une variante sucrée. Elle se mange comme dessert.

Deux styles de pizzas

Pizza italienne

La pâte est plutôt fine et croustillante. La plus connue est la pizza margherita qui est composée de: tomate, mozzarella, basilic, huile d'olive.

Pizza américaine

Utilisez la pâte à pain, plutôt épaisse et moelleuse. Avec une garniture plus abondante, plus grasse et plus riche en fromage.
Exemple:
La pizza de Chicago: elle se prépare dans un moule haut pour garder la garniture épaisse. Les ingrédients sont inversés, le fromage se met sur la pâte puis la tomate.

PETITES PIZZAS

4 personnes

1 Préchauffer le four.

Thermostat 220 °C

2 Découper 4 ronds dans une pâte à pizza.

Ou recette en page 09.

3 Mélanger.

Broyer 1 gousse d'ail

100 gr de sauce tomate

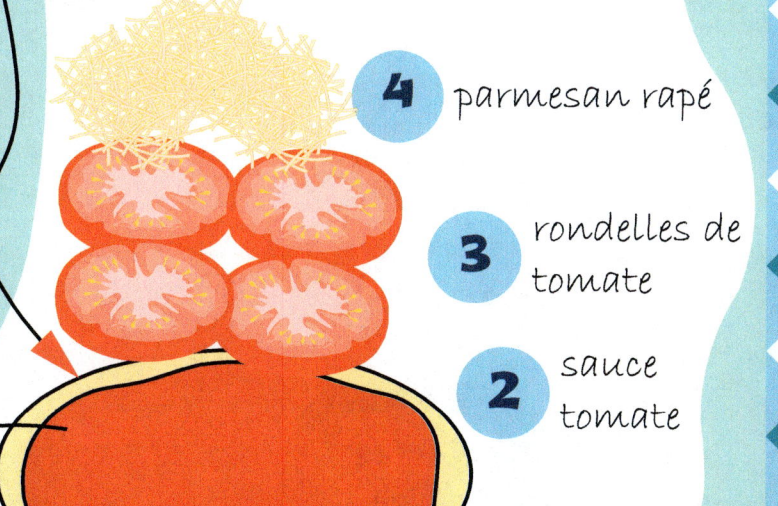

4 Empiler les ingrédients dans l'ordre.

- **4** parmesan râpé
- **3** rondelles de tomate
- **2** sauce tomate
- **1** pâte

Vous pouvez remplacer la boîte de sauce tomate par la recette de sauce tomate en page 17.

5 Cuire dans le four

12 minutes

⚠ Cuisson à gérer par un adulte.

LE SAVAIS TU ?

QUICHE LORRAINE

Les premières traces écrites sur la quiche lorraine remontent au 1er mars 1586 chez le duc de Lorraine.

Au début, la quiche Lorraine était un plat populaire à partager. Elle était réalisée les jours de cuisson du pain avec les restes de pâte à pain aplati et cuit dans le fournil commun. La garniture, oeufs battus et crème (que l'on appelle une migaine), avec du lard fumé, était constitué des produits que l'on trouvait dans les fermes.

A l'origine, la garniture de la quiche lorraine ne comportait que 3 ingrédients: le lard, les oeufs et la crème épaisse, il n'y avait ni lait, ni fromage.

Astuces de préparation:

1. Dans la phase 04, vous pouvez ajouter 1 pincée de noix de muscade.

2. A l'aide d'un pinceau, vous pouvez étaler une demi-cuillère de moutarde sur votre pâte. La moutarde relèvera subtilement le goût sans ressentir le côté piquant.

Au début la quiche lorraine était faite avec de la pâte à pain, maintenant on utilise de la pâte brisée.

3. Pour éviter que la pâte ne détrempe, badigeonnez la pâte avec un blanc d'oeuf, puis faites-la cuire 5 minutes au four, sans garniture. Vous obtiendrez un dessous de quiche bien croustillant.

QUICHE LORRAINE | 4 personnes

1. Préchauffer le four.
Thermostat 200 °C

2. Piquer une pâte brisée
1 pâte brisée ou recette en page 07.

3. Cuire
Feu doux
300 gr lardons fumés

4. Mélanger
3 oeufs
30 cl de crème fraîche épaisse
25 cl de lait
1 pincée de poivre

5. Disposer
Fromage rapé
1er, 2éme, 3éme, 4éme

6. Cuire dans le four
30 minutes

Dans un moule à tarte :
1. Poser la pâte en fond.
2. Disposer les lardons fumés.
3. Verser la casserole dans le moule.
4. Finir en déposant le fromage rapé.

⚠ Cuisson à gérer par un adulte.

LE SAVAIS TU ?

RILLETTES DE THON

Astuces de préparation :

1. Pour obtenir des rillettes plus onctueuses vous pouvez rajouter une cuillère de crème.

2. Vous pouvez ajouter en assaisonnement à vos rillettes de la ciboulette du poivre et des baies roses.

3. Attention de ne pas trop ajouter de sel car les boites de thon sont déjà salées.

Astuces de dégustation :

1. Vous pouvez étaler vos rillettes de thon sur des tranches de pain et les servir en apéritif. Mais vous pouvez aussi faire des bâtonnets de carottes et de concombre à tremper dans les rillettes.

Idées à base de rillette de thon :

1. Verrines aux rillettes de thon :
Dans un verre, mélangez vos rillettes de thon avec des dés de tomates du maïs égoutté et du persil frais.

2. Vol au vent aux rillettes de thon :
Faites revenir des champignons de Paris dans un peu de beurre. Mélangez les rillettes avec les champignons et remplissez les croûtes et mettez au four.

3. Oeufs durs aux rillettes de thon :
Ecaillez deux oeufs dur et coupez-les en deux. Retirez les jaunes d'oeufs que vous mélangez aux rillettes de thon. Nettoyez et coupez des tomates en dés puis coupez des olives noires en rondelles. Remplissez les oeufs de rillettes au thon et décorez avec les dés de tomates et les rondelles d'olives noires.

3. Pâtes aux rillettes de thon :
Faites cuire des pâtes. Mélangez les pâtes avec les rillettes de thon du persil haché et des copeaux de parmesan.

4. Club sandwich aux rillettes de thon :
Prenez des tranches de pain de mie. Tartinez de mayonnaise les tranches. Placez sur chaque tranche une feuille de laitue, une tranche de gouda et une couche de rillettes de thon. Assemblez 3 tranches de pain de mie les unes sur les autres, comme pour obtenir 2 sandwichs. Puis coupez le pain en deux sur la diagonale, pour obtenir un sandwich en forme de triangle.

RILLETTES DE THON | 300 grammes

1. Mélanger
- 300 gr de thon
- 2 petits suisses

2. Mélanger
- 1/2 citron pressé
- 1 c à s Basilic ciselé
- 1 c à c moutarde

3. Mettre au frais
- 30 minutes

4. Servir
- 1 Tranche de pain

Le petit plus:
Soupoudrer sa tartine avec du paprika.

LE SAVAIS TU ?

OEUF MIMOSA

Dans un livre de cuisine d'Andalousie du XIIIème siècle, on retrouve une recette d'un oeuf que l'on farcit avec son propre jaune mêlé à des condiments. La recette s'est transmise depuis l'Espagne médiévale jusqu'en Italie puis en France et dans d'autres pays.

Les oeufs mimosa sont une variante des "oeufs farcis" qui étaient déjà connus dans la Rome antique (les oeufs écalés et coupés en 4 étaient servis garnis de sauce).

Humour

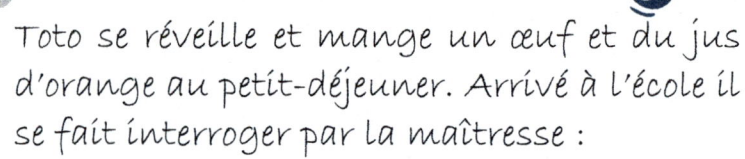

Toto se réveille et mange un œuf et du jus d'orange au petit-déjeuner. Arrivé à l'école il se fait interroger par la maîtresse :
- Toto récite-moi les nombres de 1 à 10 !
- 1, 2, 3, 4, 5, 6, 7, 8, 10.
- Mais Toto tu as oublié le 9 !
- Ben non madame, je l'ai mangé ce matin...

OEUF MIMOSA

6 personnes

1. Cuire

6 oeufs

Remplir casserole d'eau

1 c à s de vinaigre

10 minutes dans l'eau bouillante

2. Refroidir et retirer la coquille

3. Couper les oeufs en deux et retirer jaune

4. Mélanger

3 c à s de mayonnaise

1 pincée de sel

1 pincée de poivre

1 poignée persil ciselé

5. Remplir les blancs

37

LE SAVAIS TU ?

FLAMMEKÜCHE

La flammeküche qu'on appelle aussi la "tarte flambée".

L'origine remonte aux temps où les paysans faisaient cuire leurs pains dans les fours à pains au feu de bois, c'était une fête et la pâte qu'il restait, était étalée et recouverte de lait caillé (plus tard de fromage blanc, d'oignons et de lardons). Ce plat est apparu dans la région du Kochersberg, au nord de Strasbourg et de l'Alsace.

Ce plat est apparu dans les restaurants de Strasbourg qu'à la fin des années 1960.

Comment éplucher les oignons sans pleurer?

1. Passez un filet de jus de citron sur la lame de couteau.

2. Enlevez la peau marron de l'oignon et les mettre à tremper dans de l'eau citronnée pendant 15 minutes.

3. Mettez les oignons 1h avant l'utilisation dans le congélateur.

Humour

– Alors, Toto, tu me le montres ce carnet de note, demande son père ?
– Je veux bien, mais c'est un oignon je te préviens.
– Qu'est-ce que tu me racontes Toto ?
– Ben oui, quand tu l'ouvres, tu pleures !

FLAMMEKÜCHE | 4 personnes

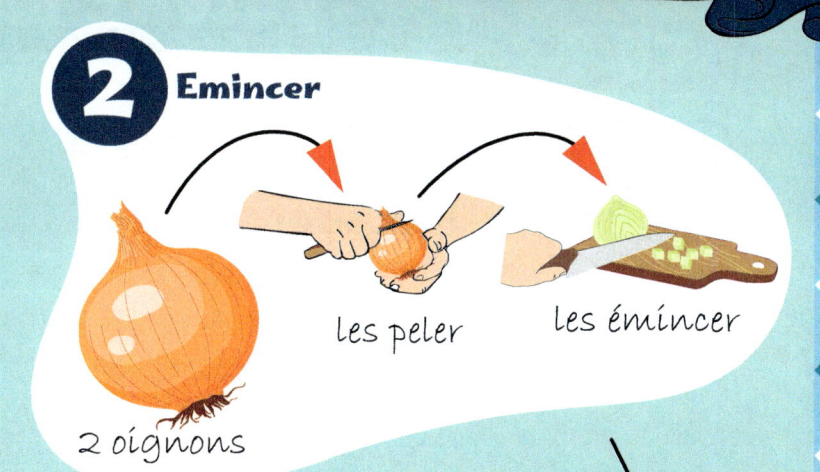

1 Préchauffer le four.

Thermostat 210 °C

2 Emincer

les peler — les émincer

2 oignons

3 Mélanger

150 gr Fromage blanc

50 gr crème fraîche épaisse

3 pincées noix de muscade

1 pincée de poivre

4 Disposer

Oignons

300 gr lardons

préparation

1 pâte à pizza ou recette en page 09

5 Cuire dans le four

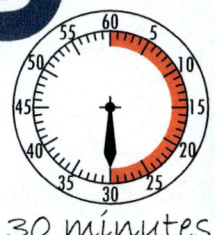

30 minutes

⚠ Cuisson à gérer par un adulte.

39

LE SAVAIS TU ?

QUICHE CAROTTE

Charade:

Mon premier est le véhicule qui nous ramène de la piscine.
Mon second est le cartable du Père Noël.
Mon tout est un légume long que les lapins aiment beaucoup.

La couleur de la carotte peut être rouge, jaune, blanche ou violacée.

Plus les carottes sont jeunes, plus le goût est fin. Comptez 40 minutes de cuisson pour des "vieilles", mais 20 à 25 minutes pour des carottes nouvelles à cuire dans très peu d'eau.

Humour

Avez-vous déjà vu des pommes chanter? Non beh moi j'ai vu des carottes rapées!!

Solution charade: - carotte (car-hotte).

QUICHE CAROTTE FROMAGE RAPÉ | 4 personnes

1. Préchauffer le four.
Thermostat 200 °C

2. Eplucher et raper
1 Carotte

3. Mélanger
3 oeufs
1 pincée de poivre
1 pincée de sel
10 cl de lait

4. Mélanger
Carotte rapée
100 gr Fromage rapé

5. Disposer

6. Cuire dans le four
25 minutes

1. Foncez le moule à tarte avec la pâte brisée. Ou recette en page 07.
2. Versez la préparation.

⚠ Cuisson à gérer par un adulte.

41

LE SAVAIS TU ?

OMELETTE FROMAGE

L'omelette est apparue à partir du Moyen-âge en Europe.

Le philosophe Descartes (1596 - 1650) aimait beaucoup les omelettes. Il en consommait pour sa diète et prolonger sa vie.

Au Moyen-âge, on faisait le tour des fermes pour recueillir des oeufs qui étaient redistribués en omelettes aux plus démunis. Cette tradition se traduit aujourd'hui par l'omelette pascale (omelette du lundi de Pâques) que l'on partage en famille.

Différentes sortes d'omelettes:

Salées:

1. L'omelette baveuse est une omelette qui est mi-cuite mi-crue. Pour réaliser une omelette baveuse, il faut remuer doucement l'omelette dans la poêle en formant des "huit". La poêle ne doit pas être très chaude. Une fois que le dessous est cuit, rajoutez des fines herbes et vous pouvez déguster.

2. L'omelette soufflée est aérée et légère. Pour la cuisson, vous séparez le blanc et le jaune. Vous montez les blancs en neige et vous ajoutez les jaunes. Mélangez, ensuite les herbes et condiments.

Sucrées:

1. L'omelette norvégienne: n'a rien à voir avec une omelette. C'est un dessert sucré, il a la particularité d'être glacé à l'intérieur et chaud à l'extérieur. C'est de la glace vanille recouverte de meringue posée sur de la génoise passée au four.

2. L'omelette à la confiture : elle se compose d'oeufs battus avec du lait et du sucre et de la confiture étalée sur l'omelette.

OMELETTE FROMAGE

4 personnes

1. Mélanger

- 7 oeufs 
- 1 c à s de crème fraîche épaisse 
- 200 gr Fromage râpé
- 2 c à s ciboulette 
- 1 pincée noix de muscade 
- 1 pincée de poivre 
- 1 pincée de sel

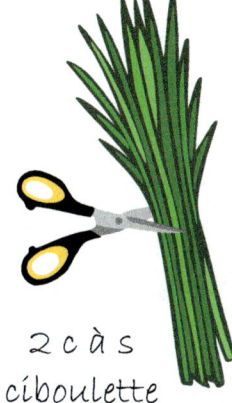

2. Beurrer la poêle

- 30 gr de beurre

3. Verser la préparation

Résultat à obtenir :
Faites la dorer sur les deux faces.

Astuces :
Vous pouvez, dans la poêle, plier l'omelette en deux pour faciliter la cuisson dorée.

⚠ Cuisson à gérer par un adulte.

LE SAVAIS TU ? — FRIAND SAUCISSE

Elle doit son nom au verbe allemand, "knacken", qui décrit le bruit que fait la saucisse quand sa peau éclate sous la dent.

La saucisse de strasbourg est aussi appelée le knack. C'est une spécialité alsacienne.

L'origine de la saucisse de Strasbourg remonte au XVIème siècle.

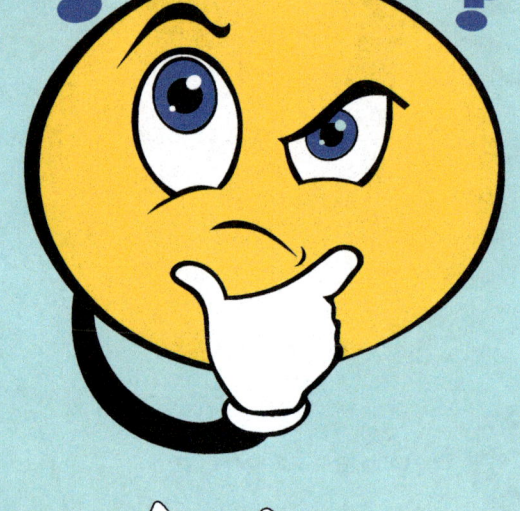

La knack d'Alsace est présente dans toutes les fêtes villageoises alsaciennes.

FRIAND SAUCISSE STRASBOURG | 4 personnes

1 Préchauffer le four.

Thermostat 220 °C

2 Découper la pâte

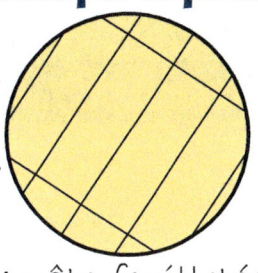

1 pâte feuilletée

Avec un couteau découper 6 rectangles de la longueur d'une saucisse.

3 Enveloppe la saucisse

Entourer chaque saucisse avec un rectangle de pâte.

4 saucisses de Strasbourg

4 Battre le jaune

1 Jaune d'oeuf

5 Recouvrir le friand de jaune d'oeuf

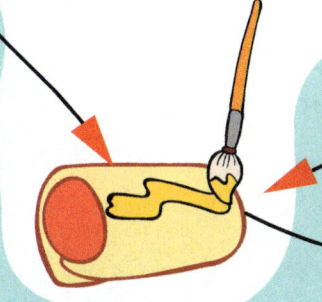

6 Cuire dans le four

15 minutes

⚠ Cuisson à gérer par un adulte.

LE SAVAIS TU ?

SALADE POMMES DE TERRE

Charade:
Mon premier est un pronom possessif
Mon deuxième est une note de musique
Mon troisième est un chiffre
Mon tout est un aliment.

Blague:
Un citron et une vache veulent faire un holdup.
Le citron rentre dans la banque et hurle:
– Pas un zeste, je suis pressé !
La vache surgit derrière lui:
– Que personne ne bouse !

Devinette:
Comment faire cuire neuf patates dans l'eau froide ?

Astuces de préparation:
Pour une salade gourmande, remplacez le fromage par une mayonnaise.

Solution charade: Salade (Ca - la - deux).

Solution devinette:
– Tu en enlèves une et elles sont qu'huit (cuite).

SALADE POMMES DE TERRE THON | 4 personnes

1. Cuire les pommes de terre

6 Grosses pommes de terre.

Remplir casserole d'eau

2. Couper les pommes de terre en dés

1. Eplucher les pommes de terre cuites.
2. Couper les pommes de terre en petit cube

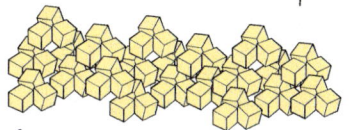

pommes de terre en dés

3. Ajouter et mélanger

125 gr fromage type St Moret

250 gr de thon

1/2 Jus de citron

6 Cornichons en rondelles

1 pincée de poivre

1 pincée de sel

4. Ajouter

1 poignée persil ciselé

⚠ Cuisson à gérer par un adulte.

47

LE SAVAIS TU ? — MACARONI

Etymologie:
Le nom macaroni vient du mot italien « macarone » qui signifie pâte fine.

Un macaroni mesure environ 6cm de long.

La première usine de macaronis remonte au XVIIIème siècle. Elle se trouvait à Naples.

Au Etats-Unis, Le gratin de macaronis au cheddar s'appelle "Mac & cheese". C'est le gratin traditionnel américain.
Dans leur recette, ils rajoutent de la béchamel.

Les macaronis restent les pâtes les plus vendues.

Réussir la cuisson

1. Pour faciliter la cuisson des pâtes, elles doivent être plongées dans une eau bouillante.

2. Faites cuire les pâtes dans de l'eau salée.

3. Remplacez le sel par des cubes de bouillon.

4. Ajoutez une cuillère d'huile d'olive pour éviter qu'elles ne collent.

Astuces de préparation

1. Pour que vos macaronis soient délicieux, après la cuisson, faites-les revenir dans une casserole avec du beurre salé.

2. A savoir:
pour 100 grammes de pâtes, il faut 1 litre d'eau et 10 grammes de sel.

MACARONI CHEDDAR | 4 personnes

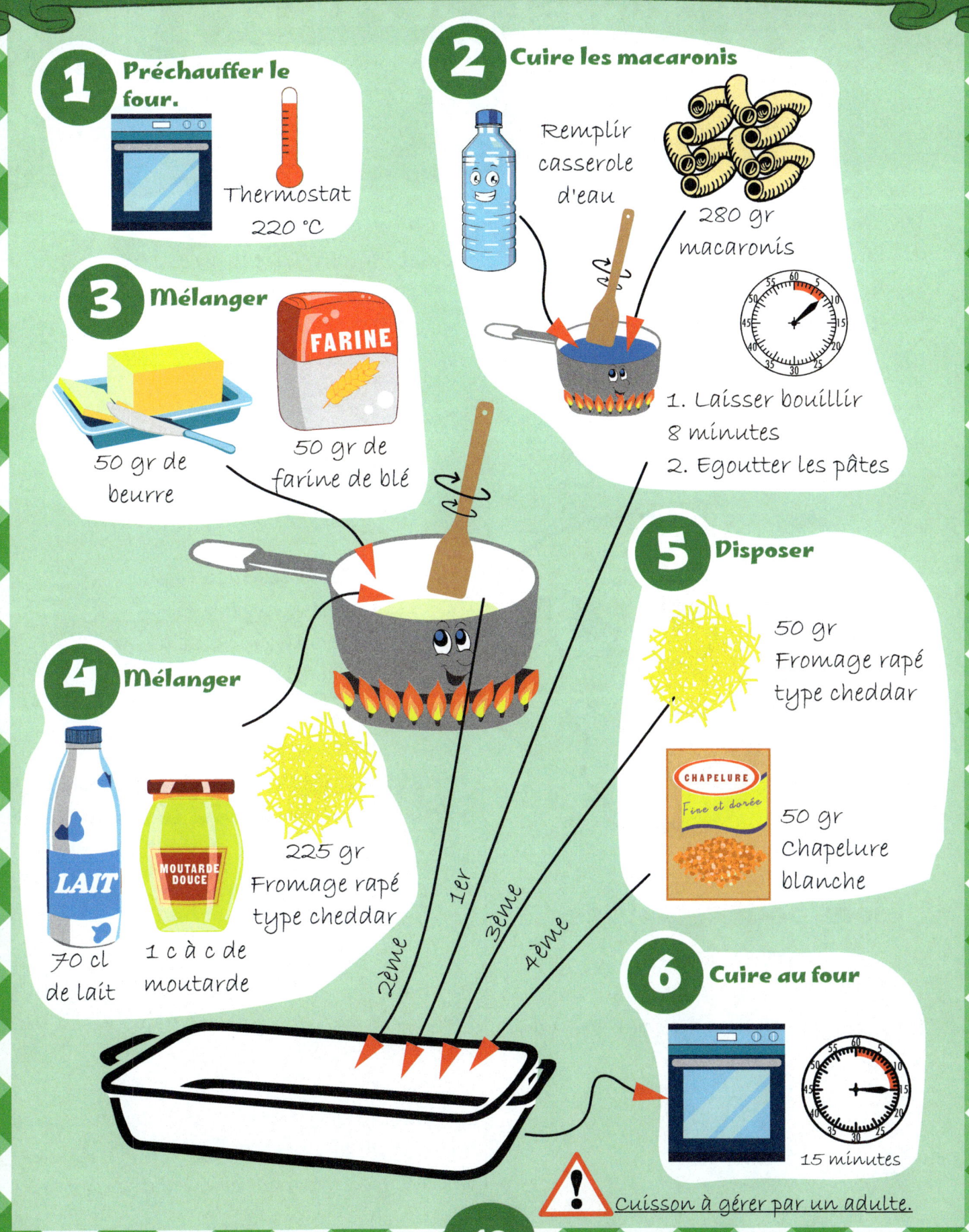

1 Préchauffer le four.
Thermostat 220 °C

2 Cuire les macaronis
Remplir casserole d'eau
280 gr macaronis
1. Laisser bouillir 8 minutes
2. Egoutter les pâtes

3 Mélanger
50 gr de beurre
50 gr de farine de blé

4 Mélanger
70 cl de lait
1 c à c de moutarde
225 gr Fromage rapé type cheddar

1er
2ème
3ème
4ème

5 Disposer
50 gr Fromage rapé type cheddar
50 gr Chapelure blanche

6 Cuire au four
15 minutes

⚠ Cuisson à gérer par un adulte.

49

LE SAVAIS TU ?

NUGGETS DE POULET

Nugget en anglais veut dire "pépite", littéralement en traduction ça donne "pépite de poulet" ou "croquette de poulet".

La trouvaille du nugget au poulet remonte aux années 1950 par Robert C. Baker, un professeur en sciences de l'alimentation de l'université Cornell (dans l'état de New-York).

Dans les fast-food, le nugget a été commercialisé à partir de 1980

Idées pour remplacer chapelure:

1. Remplacez la chapelure par des corn-flakes broyés.

2. Remplacez la chapelure par de la semoule de polenta.

Astuces de préparation

1. Pour accentuer la saveur, rajoutez des herbes ou du parmesan dans la chapelure.

2. Pour plus de croustillant, mélangez la chapelure avec des flocons d'avoine ou des restes de chips.

3. Ajoutez des épices dans le lait pour faire macérer le poulet. Essayez un mélange de paprika, cumin et coriandre.

50

NUGGETS DE POULET | 4 personnes

⚠️ Utilisation du couteau: à faire par un adulte. Risque de coupures.

1. Couper les escalopes de poulet

4 blancs de poulet

Couper les blancs de poulet en petits morceaux.

2. Macérer le poulet

lait doit recouvrir le poulet

Epice au choix

⚠️ Laisser reposer la préparation au frais jusqu'au lendemain.

A partir du lendemain

3. Préchauffer le four.

Thermostat 180 °C

4. Egoutter les blanc et disposer dans une assiette

5. Rouler le poulet

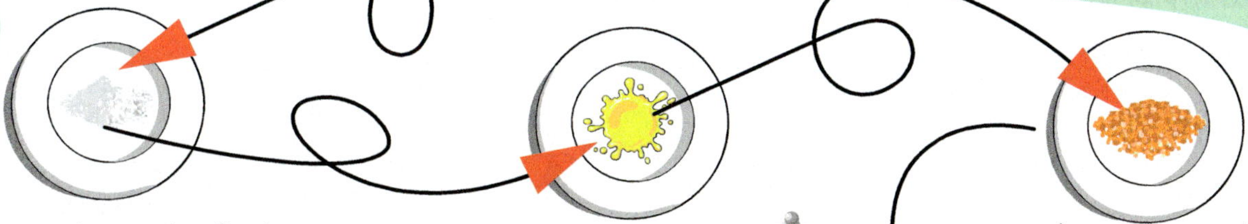

1. Assiette de farine
   - 125 gr de farine de blé 
   - 1 pincée de sel 

2. Assiette avec oeufs battus 
   - 2 oeufs 
   - 1 pincée de poivre

3. Assiette avec chapelure 
   - 125 gr Chapelure

6. Cuire au four

7 minutes par côté

⚠️ Cuisson à gérer par un adulte.

51

LE SAVAIS TU ?

BOULETTES DE VIANDES

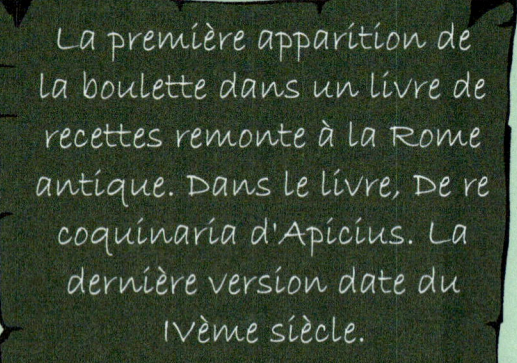

La première apparition de la boulette dans un livre de recettes remonte à la Rome antique. Dans le livre, De re coquinaria d'Apicius. La dernière version date du IVème siècle.

La boulette de viande est devenue un art subtil d'accommoder les restes, ce qui est le symbole d'une cuisine familiale.

Il y a de multiples façons de préparer la boulette de viande. En friture, poêlée, mijotée en sauce, à la vapeur, en soupe, sur une pizza, crues farcies, en sandwich...

Chaque culture et chaque continent a aujourd'hui sa propre recette de boulette. On les retrouve sous le nom de: polpette, kefta, köttbullar, falafels, nuong, bitki, matzoh, knödel...

Astuces de préparation:

1. Pour faciliter la réalisation des boulettes dans les mains, pensez à mouiller vos mains ou à les huiler pour éviter que la viande n'accroche à vos paumes.

2. Pour augmenter la saveur de vos boulettes, vous pouvez commencer par faire cuire vos boulettes de viande dans un bouillon et ensuite les faire cuire à la poêle. Bien les faire dorer avant de baisser le feu et vous aurez une belle croûte croustillante.

3. Vous pouvez rajouter des épices à la préparation pour faire varier les goûts.

4. Si vous voulez éviter le gras lors de la cuisson, vous pouvez faire cuire vos boulettes au four. Pour cela, les placer dans un plat à gratin et enfourner 30 minutes dans un four préchauffé à 180°C.

5. Pour donner un effet de surprise à la dégustation, vous pouvez intégrer au milieu de la boulette un morceau de fromage. A la première bouchée, vous aurez un fromage fondant au milieu.

6. Lorsque vous faites vos boulettes, ne pas trop compresser le mélange de viande.

BOULETTES DE VIANDES | 4 personnes

1 Mixer

- 400 gr Reste viandes cuites (poulet, boeuf, porc...) 
- 1 gousse d'ail 
- Pain sec trempé dans le lait 
- 1 oeuf 
- 1 oignon 
- 1 poignée persil ciselé

2 Former des boulettes avec farce et les rouler dans une assiette de farine

Farine en fond d'assiette

3 Cuire les boulettes à la poêle

Cuire dans la poêle bien chaude

Huile de tournesol

4 Faire mijoter

Sauce tomate Recette en page 17

⚠️ Cuisson à gérer par un adulte.

LE SAVAIS TU ?

HAMBURGER

Etymologie :
Initialement hamburger, qui signifiait "galette de Hambourg" en allemand.

La première chaîne de restauration rapide à voir le jour en France date de 1961. Elle fut créée par Jacques Borel.

Le hamburger aurait été importé aux Etats-Unis par des immigrés allemands vers le milieu du XIXème siècle.

⚠ record

Le plus gros hamburger a un diamètre de 3,05 mètres. Il pèse 913.45 Kg. Il a été réalisé par le Black Bear Casino Resort au Minnesota.

Au début, aux Etats-Unis, le hamburger était vendu aux coins des rues par des vendeurs ambulants. Il faudra attendre 1921 pour voir apparaître la première chaîne de restauration rapide mettant le hamburger à l'honneur.

Le hamburger était le plat principal qui était servi au bord des bateaux de la HAPAG, c'était une ligne maritime qui reliait Hambourg à New-York.

A l'heure actuelle, le mot hamburger aux Etats-Unis, désigne aussi bien le sandwich que le steak haché.

⚠ record

Record du monde du plus gros mangeur de hamburgers détenu par Takeru Kobayashi (japonais) qui a mangé 69 hamburgers en 8 minutes le 13 novembre 2004 lors d'un concours organisé à Chattanooga.

54

HAMBURGER

2 personnes

1. Mélanger
- 300 gr Boeuf haché
- 1 Jaune d'oeuf
- 1 pincée de sel
- 1 pincée de poivre

2. Réaliser les steaks

3. Cuire les steaks à la poêle
2 minutes par côté

4. Ajouter le fromage sur steak
- 2 tranches fromage à hamburger
- Laisser fondre légèrement fromage

5. Montage d'un hamburger
- 8 — Haut du pain passé au grille pain
- 7 — Ketchup sur pain
- 6 — Steak avec fromage fondu
- 5 — Rondelles de cornichon
- 4 — Rondelle tomate
- 3 — Feuille de salade
- 2 — Ketchup sur pain
- 1 — Bas du pain passé au grille pain

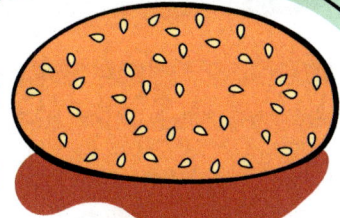

⚠️ Cuisson à gérer par un adulte.

LE SAVAIS TU ? — HACHIS PARMENTIER

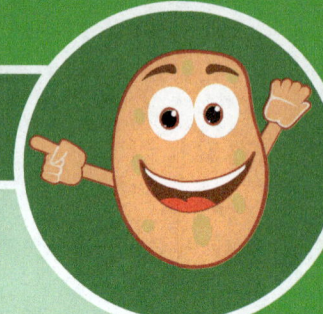

Origine:
Le hachis parmentier porte le nom de Antoine Parmentier pour lui rendre hommage, car il révolutionna l'usage de la pomme de terre.

Histoire:
Antoine-Augustin Parmentier (1737-1813) a permis à son pays de sortir du cycle famine/disette grâce à la popularisation de la pomme de terre.

Le mot "hachis" désigne un plat dans lequel les ingrédients sont broyés, hachés ou émincés.

Astuces de préparation:

1. Vous pouvez rajouter de la chapelure au dessus du fromage rapé, sur le haut de votre préparation.

2. A la place la chapelure vous pouvez la remplacer par:
   - Parmesan + chorizo.
   - Biscotte + ail + persil.

3. Vous pouvez remplacer la viande par du cabillaud et faire un parmentier de poisson. Dans ce cas-là, ajoutez une chapelure mixée avec du persil et de l'ail.

4. Surprenez vos invités avec un hachis parmentier en couleur. Pour cela, à la place de la pomme de terre, vous pouvez utiliser une purée de potimarron, de céleri ou de pommes de terres vitelotte qui ont la particularité d'être violette.

5. N'hésitez pas dans la préparation de la viande à la mélanger avec des légumes comme la carotte, des brocolis, des aubergines. Cela vous permettra de faire découvrir à votre enfant d'autres légumes.

HACHIS PARMENTIER | 4 personnes

1 Préparer une purée, recette page 21.

2 Préchauffer le four.
Thermostat 210 °C

3 Cuire à la poêle
500 gr Boeuf haché

4 Mélanger
3 branches persil haché
1 oignon haché

5 Disposer

- Parsemer de fromage râpé 50Gr. — **6**
- 1 couche de purée — **5**
- 1 couche de hachis — **4**
- 1 couche de purée — **3**
- Huiler le plat — **2**
- Plat à gratin — **1**

6 cuire au four
30 minutes

Cuisson à gérer par un adulte.

57

LE SAVAIS TU ?

LASAGNE

1. Histoire :
Les bases des lasagnes remontent aux alentours de l'antiquité. Les peuples grecs et romains avaient l'habitude de concocter ce qu'ils appelaient alors des « lagana » : une pâte fine qu'ils faisaient cuire à la vapeur, avant d'en faire une terrine à base de farce.

Conseils :
C'est l'eau contenue dans la sauce qui va permettre aux lamelles de pâtes de cuire. Si la sauce est trop épaisse, les pâtes n'absorberont pas bien le liquide et ne seront pas cuites. Préférez une sauce peu épaisse. Attention aussi à l'inverse, à ne pas la faire trop liquide, sinon elle va complètement détremper les pâtes.

Conseils :
Jamais de légumes crus, pensez à bien les pré-cuire avant.

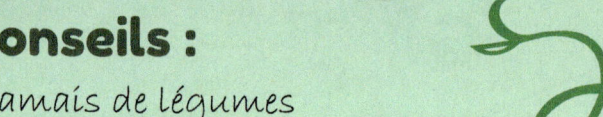

2. Histoire :
Au Moyen-âge, on voit apparaître le terme de "lasana", sous influence du peuple arabe avec leur recette de la lauzina : feuilles de pâtes très fines et fourrées d'amandes pilées qui faisaient donc office de desserts, mais qu'ils préparèrent par la suite à base de fromages tels que la Mozzarella.

3. Histoire :
Et c'est la "Torta de lassanis" qui a vraiment inspiré les lasagnes à la bolognaise que l'on connaît. Cette recette était constituée de plusieurs couches séparées par une farce.

A l'heure actuelle, il existe énormément de variantes de lasagne, comme : les lasagnes végétariennes ou gorgonzola épinards, etc...

LASAGNE

6 personnes

1 Préparer une sauce bolognaise, page 19.

2 Préparer une sauce béchamel, page 13.

3 Préchauffer le four.

Thermostat 210 °C

4 Disposer

12	Prévoir 12 feuilles de lasagne. Finir par du gruyère râpé 50Gr. mélangé à du parmesan 15 Gr.
11	1 couche de béchamel
10	1 couche de pâte lasagne
09	1 couche de bolognaise
08	1 couche de béchamel
07	1 couche de pâte lasagne
06	1 couche de bolognaise
05	1 couche de béchamel
04	1 couche de pâte lasagne
03	1 couche de bolognaise
02	Beurrer le plat
01	Plat à gratin

5 Cuire au four

30 minutes

⚠ Cuisson à gérer par un adulte.

LE SAVAIS TU ? CROQUETTES DE POISSON

Astuce gain de temps:

Pensez à préparer des croquettes de poisson en grande quantité. Une fois cuites et refroidies, vous pourrez les congeler dans un sac. Une fois que vous voudrez en manger, sortez la quantité souhaitée et passez-les quelques minutes au four sans les décongeler. Elles garderont leur croustillant et leur saveur.

Les croquettes de poissons peuvent être accompagnées d'une purée (carottes, céleris, brocolis, pommes de terre ...) d'une poêlée de légumes, de riz, de pâtes, d'une salade verte ...

Vous pouvez arroser vos croquettes d'un filet de citron.

On utilise souvent le cabillaud comme poisson pour les croquettes, mais vous pouvez essayer du filet d'aiglefin ou du merlan.

Idée pour la chapelure:

Mélangez la chapelure avec du persil et du basilic. Mixer l'ensemble.

Idée pour une sauce d'accompagnement:

Dans un bol, versez un yaourt à la grecque, de la pâte de sésame. Ciselez de la coriandre et versez un filet de citron. Assaisonnez à votre goût et mélangez-le tout.

CROQUETTES DE POISSON | 4 personnes

⚠️ Utilisation du couteau: à faire par un adulte. Risque de coupures.

1 Éplucher et ciseler
- 2 oignons
- les peler
- les émincer

2 Mixer
- 400 gr poisson blanc
- 3 branches de cerfeuil

3 Former les croquettes en roulant la pâte dans les mains et en écrasant un peu

4 Rouler les boulettes
1. Assiette avec oeufs battus
   - 1 pincée de sel
   - 2 oeufs
2. Assiette avec chapelure
   - 125 gr Chapelure

5 Frire dans une poêle
- 50 gr de beurre
- Cuire dans la poêle bien chaude

⚠️ Cuisson à gérer par un adulte.

LE SAVAIS TU ?

GRATIN DE PÂTES

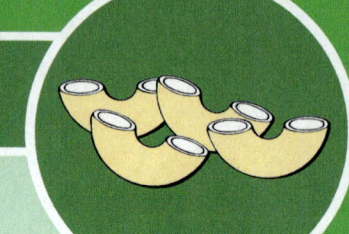

Sortir des sentiers battus :

1. Vous pouvez changer le fromage. N'hésitez pas à essayer, par exemple, avec du camembert, Reblochon ou de mixer plusieurs fromages.

2. Ajoutez du jambon, des blancs de poulet ou des petits lardons.

3. Pour que ce soit plus copieux, vous pouvez ajouter des oeufs à votre crème.

4. Vous pouvez mélanger à la préparation de l'oignon avec un peu d'ail.

5. Remplacez le lait par du lait de coco.

Astuces de préparation :

1. Pour faire votre gratin, avant la mise en place dans le four, vos pâtes doivent être pré-cuite. Laissez-les cuire 3 à 4 minutes de moins afin qu'elles finissent leur cuisson au four.

2. Pour la cuisson des pâtes, remplacez l'eau par du lait avec une feuille de laurier dedans. Lorsque le lait est à ébullition, versez les pâtes et baissez le feu. Laissez cuire jusqu'à ce que les pâtes aient absorbé presque tout le lait. Il doit rester un liquide onctueux qui englobe les pâtes. Attention, cette cuisson est plus lente.

Si vous voulez que la sauce adhère, il faut préférer des pâtes rayées. Eviter les pâtes lisses comme les pennes ou les rigatoni.

Eviter que les pâtes collent

1. Choisissez une grande casserole pour faire cuire les pâtes. N'hésitez pas à prendre une casserole haute pour éviter que l'eau ne déborde à la cuisson. Plus elles auront de place, et moins elles ne resteront coller. L'équivalence à retenir, c'est 1 L d'eau pour 100gr de pâtes.

2. Bien respecter le temps de cuisson. En fonction du type de pâtes, la cuisson peut aller de 4 à 15 minutes. Si vous les laissez plus longtemps, vos pâtes seront molles et collées.

3. Une fois qu'elles sont cuites, passez-les à la passoire rapidement et mélangez-les à la sauce de votre choix. En cuisant, les pâtes libèrent de l'amidon qui va permettre à la sauce de coller, mais si vous les laissez trop dans la passoire, elles vont coller entre elles en refroidissant.

Si vous voulez en conserver une partie au frigo, pensez à les recouvrir d'un filet d'huile ou d'une noix de beurre.

GRATIN DE COQUILLETTES AU FROMAGE | 4 personnes

1. Préchauffer le four.
Thermostat 180 °C

2. Cuire les coquillettes
- Remplir casserole
- 250 gr de coquillettes
- 1 pincée
- Suivre le temps indiqué sur paquet

3. Mélanger
- 10 cl de crème fraîche liquide
- 10 cl de lait
- 1 pincée de sel
- 1 pincée de poivre

4. Egoutter pâtes et mélanger
- 25 gr de parmesan
- 120 gr Fromage râpé

5. Disposer
- 20 gr Fromage râpé
- 1er
- 2ème

6. Cuire au four
- 20 minutes

⚠ Cuisson à gérer par un adulte.

63

LE SAVAIS TU ?

LA CAROTTE

1. Histoire:

La carotte serait originaire d'Asie Mineure. Elle y poussait de manière sauvage, il y a plus de 2000 ans.

Les Grecs et les romains reconnaissaient à la carotte une valeur thérapeutique. En particulier pour l'acuité visuelle.

2. Histoire:

C'est au Moyen-âge qu'elle occupe la place qui lui revient sur nos tables.

On a vu apparaître sa couleur orangée que depuis la moitié du XIXème siècle.

Devinette

Q'est-ce qu'une flaque d'eau avec une carotte au milieu?

Les carottes font partie de la famille des Ombellifères, qu'on appelle aussi les Apiacées. La caractéristique des Ombellifères, c'est que les fleurs de ces plantes forment comme un parasol. On retrouve dans cette famille : le cerfeuil, le persil, la coriandre, le cumin, le céleri, le fenouil ...

Elle est riche en carotène (provitamine A).

Astuces de présentation:

1. Pour présenter votre purée de carottes comme un chef, utilisez une poche à douille et versez quelques "larmes" autour de votre plat.

2. Présentez-la dans un ramequin à l'intérieur de votre assiette.

Astuces de préparation:

Pensez à parsemer votre purée de carottes d'herbes aromatiques ou d'épices.

64

Solution devinette:
- Un bonhomme de neige au printemps

PURÉE DE CAROTTES | 4 personnes

⚠️ Utilisation du couteau: à faire par un adulte. Risque de coupures.

1. Faire chauffer l'eau
- Remplir casserole d'eau
- 1 pincée de sel
- 30 minutes

2. Eplucher, couper en dés et faire cuire
- 500 gr carottes
- 500 gr pommes de terre.

3. Egoutter et remettre dans casserole

4. Mélanger
- 2 tranches de jambon blanc ciselées
- 125 gr fromage ou 6 portions vache qui rit

5. Mixer

6. Servir

⚠️ Cuisson à gérer par un adulte.

65

LE SAVAIS TU ?

POMMES DE TERRE

Histoire:

La pomme de terre est cultivée depuis plus de 8000 ans. Elle est originaire du Pérou en Amérique du Sud.

La pomme de terre est ramenée en Europe par les conquistadors à la fin du XVIème siècle.

Le premier champ de pommes de terre a été planté à Neuilly. D'ailleurs dans les armoiries de la ville de Neuilly, on trouve 3 fleurs de pommes de terre.

La pomme de terre est un légume à tubercule facile à faire pousser.

On appelle la pomme de terre le "plat des pauvres". Elle tient ce nom du fait qu'elle ne coûte pas cher. A son arrivée en France, elle n'était pas destinée aux hommes, mais aux cochons.

Astuces de préparation:

1. Pour des pommes de terre au four, préférez des pommes de terre à chair ferme telle que la Charlotte, la Franceline ou la Nicola. Elles garderont mieux leur forme.

2. N'hésitez pas à mettre les herbes dans la préparation. Faites des essais afin de trouver votre préférence. Le romarin, la marjolaine et le thym se marient bien aux pommes de terre. Mais vous pouvez aussi tenter: l'ail, le paprika en poudre, les herbes de sauges et le cajun.

Faire cuire une pomme de terre avec la peau s'appelle une pomme de terre en chemise.

POMMES DE TERRE AU FOUR | 4 personnes

1 Préchauffer le four.
Thermostat 200 °C

2 Envelopper pommes de terre dans du papier aluminium
4 pommes de terre moyennes
Papier aluminium

3 Cuire au four.
35 minutes
Jusqu'à la cuisson

4 Mélanger
1 pincée de sel
1 pincée de poivre
80 gr fromage ou 4 portions de fromage blanc à la crême
2 c à s ciboulette

5 Inciser les pommes de terre

6 Garnir les pommes de terre

⚠ Cuisson à gérer par un adulte.

67

LE SAVAIS TU ?

LES CRÊPES

> D'après les études des historiens l'origine de la crêpe remonte à 7000 ans avant Jésus-Christ.

> On estime que l'apparition de la crêpe en Bretagne remonte au XIIIème siècle. C'est pendant les croisades en Asie que le sarrasin a été ramené en France, base des premières crêpes bretonnes.

Dicton sur crêpes:
" Faire sauter des crêpes à la Chandeleur est censé assurer bonheur tout au long de l'année "

La crêpe a sa fête, c'est le 2 février.

C'est la CHANDELEUR.

Elle remonterait à 492. Lors du retour des pèlerins de St-Jacques de Compostelle, le pape Gélase 1er, leur distribuait une crêpe pour les remercier du périple.

Astuces de préparation:

1. Incorporez le lait légèrement tiède. Cela permet à la farine de se dissoudre plus facilement et ainsi éviter les grumeaux.

2. Utilisez des ingrédients à température ambiante et du lait tiède, vous permettra de réduire le temps de pose de la pâte. En réduisant le temps de pose, la pâte sera plus épaisse et il vous sera plus facile de la répartir dans la poêle.

3. Pour éviter les grumeaux, tamisez la farine pour qu'elle soit la plus fine possible.

CRÊPES

16 crêpes

1 Verser et mélanger

- 1 sachet sucre vanillé
- 1 pincée de sel
- 250 gr farine de blé
- 1 c à s d'huile

2 Ajouter et mélanger

- 3 oeufs
- 1/2 l de lait

3 Laisser reposer

température ambiante 2 heures

⚠️ C'est adulte qui gère la cuisson et la poêle

4 Cuire

et Faites sauter les crêpes !!

Vous pouvez, ensuite, sur les crêpes étaler la pâte à tartiner, recette en page 27.

69

LE SAVAIS TU ?

TARTE AU CITRON

La première crème au citron a été inventée par les quakers, anglicans puritains, à la fin des années 1700.

Ce dessert est devenu un classique sous le nom de lemon pie d'abord chez les familles américaines dans les états du Sud et en Californie avant d'être importé en Europe via la Suisse.

Le crémeux citron s'appelle aussi le lemon curd.

La tarte aux citrons est souvent complétée par une meringue. Le gâteau est alors une tarte aux citrons meringuée.

Recette du confit de citron:

Mélangez dans une casserole du jus de citron, des zestes de citron et un peu de sucre.

<u>Résultat à obtenir:</u>
La préparation doit avoir une consistance de confiture.

Astuces de préparation:

1. Incorporez des zestes de citron à la préparation donnera plus de pep's à la crème.
2. Pour plus de contraste dans l'acidité de la crème, tartinez le fond de la pâte (cuite) avec une couche de confit de citron.

TARTE AU CITRON | 6 personnes

1 Préchauffer le four.

Thermostat 210 °C

2 Presser les citrons

4 citrons pressés

3 Battre les oeufs

6 oeufs

4 Faire fondre

150 gr de beurre

5 Ajouter

120 gr de sucre en poudre

6 Disposer

1. la pâte brisée en fond de moule.
2. La préparation.

7 Cuire au four

30 minutes

Résultat à obtenir : Une crème.

⚠ Cuisson à gérer par un adulte.

LE SAVAIS TU ?

CRÈME AUX OEUFS ET AU CARAMEL

La crème caramel est une variante du flan.

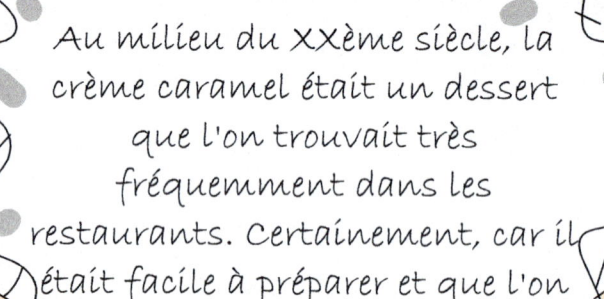

Au milieu du XXème siècle, la crème caramel était un dessert que l'on trouvait très fréquemment dans les restaurants. Certainement, car il était facile à préparer et que l'on pouvait le préparer par avance.

Variantes dans les pays:

Argentine, Mexique et Uruguay:
La crème caramel est accompagnée avec de la confiture de lait.

Au Chili:
Accompagnée de coing.

Cuba:
Servi avec des boules de glace vanille.

Vietnam:
Le caramel du dessous est parfois remplacé par du café noir.

Astuce de cuisson:
Pour savoir si votre crème est cuite, trempez une lame de couteau dedans et si elle ressort sèche, c'est qu'elle est cuite.

Astuce de présentation:
Au moment de servir votre crème, vous pouvez renverser le plat afin d'avoir le caramel qui coule sur la crème.

CRÈME AUX OEUFS ET AU CARAMEL | 4 personnes

1 Verser dans 4 ramequins

Caramel (Voir recette page 23)

2 Mettre au frais

3 Préchauffer four.

Thermostat 180 °C

4 Mélanger

70 gr de sucre en poudre

3 oeufs

5 Chauffer, mélanger et ajouter

15 cl de crème fraîche liquide

2 c à c extrait de vanille

50 cl de lait

6 Disposer

1. Sortir les ramequins du réfrigérateur.
2. Verser la préparation

7 Cuire au bain marie dans le four

45 minutes

8 Laisser reposer 2h au réfrigérateur avant de déguster !

⚠ Cuisson à gérer par un adulte.

LE SAVAIS TU ?

GÂTEAU BRETON

Le gâteau breton est une pâtisserie typique de Bretagne originaire de la région de Lorient.

Il a été présenté lors de l'exposition universelle de Paris en 1863 sous le nom de "gâteau lorientais". Il remporta le premier prix dans la catégorie "Pâtisseries sèches".

Le 3 mars 2013, à Ploemeur, dans le Morbihan est né le concours mondial du gâteau breton à destination des particuliers.

Ce gâteau possède d'excellentes propriétés de conservation, jusqu'à deux mois à l'abri de la lumière et de l'humidité.

Le pâtissier qui a présenté le gâteau breton à l'exposition universelle s'appelait Crucer.

On trouve l'apparition de ce gâteau à la fin du XIXème siècle début du XXème.

Le plus gros gâteau breton réalisé mesurait 1,15 mètres de diamètre et 2.5cm d'épaisseur. Il contenait 140 oeufs, 10 kg de farine, 6 kg de sucre et 6kg de beurre.

Les marins emportent souvent un gâteau breton dans leurs bagages, car ils peuvent le conserver longtemps, on dit alors que c'est un gâteau de voyage. D'ailleurs, il est meilleur un peu rassis.

Astuce de présentation: Généralement, on le découpe en parts, en forme de losanges.

Astuce de présentation: Pour dessiner les croisillons, aidez-vous d'une fourchette.

74

GÂTEAU BRETON

6 personnes

1 Mélanger

8 Jaunes d'oeufs

150 gr Beurre demi-sel en morceaux

150 gr de sucre en poudre

300 gr de farine de blé

1/2 sachet de levure

2 Disposer

Penser à beurrer le moule ou à lettre un papier sulfurisé à l'intérieur

3 Etaler le jaune d'oeuf dessus

4 Tracer un quadrillage

5 Cuire dans le four

Thermostat 200 °C

35 minutes

⚠ Cuisson à gérer par un adulte.

75

LE SAVAIS TU ?

CRUMBLE AUX POMMES

Le crumble est appelé « croustade » au Canada.

Accompagnements: Vous pouvez servir votre crumble avec de la crème fouettée, une glace vanille ou de la crème anglaise.

L'origine du crumble remonte à la Seconde Guerre mondiale au Royaume-Uni. Le rationnement des ingrédients et la pénurie de farine, de beurre et de sucre ont modifié les recettes de base avec moins d'ingrédients.

Le crumble vient de l'adjectif anglais « crumbly » qui signifie friable.

Variante de préparation:

1. Pour varier les goûts du crumble, variez les farines. Par exemple, remplacez la moitié de farine de blé par de la farine de sarrasin, de châtaigne, de seigle…

2. Vous pouvez aussi varier les sucres, en essayant d'utiliser du sucre de coco, de dattes…

Pour avoir un crumble différent:

1. Faire mariner les fruits dans du jus de citron, d'agrumes ou des épices avant de les faire cuire.

2. Ne pas hésiter à ajouter des épices comme la vanille, le safran, la cannelle…

CRUMBLE AUX POMMES | 6 personnes

⚠️ Utilisation couteau: à faire par un adulte. Risque de coupures.

1 Eplucher et couper en petits morceaux.

6 pommes

2 Mélanger

100 gr en morceaux

120 gr de sucre en poudre

150 gr de farine de blé

3 Disposer

1 sachet de sucre vanillé

- 05 Saupoudrer de sucre vanillé
- 04 Répartir la pate
- 03 Mettre les pommes en dés
- 02 Fariner
- 01 beurrer le moule

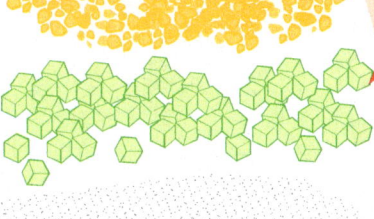

4 Cuire dans le four

20 minutes

Thermostat 200 °C

⚠️ Cuisson à gérer par un adulte.

77

LE SAVAIS TU ?

ROSE DES SABLES

Les corn flakes sont des produits dérivés du maïs.

La rose des sables est une cristallisation de gypse. Sa forme rappelle les pétales d'une rose. La pâtisserie est d'aspect similaire à la roche.

Les corn-flakes ont été inventés au XIXème siècle, en 1894 par le docteur John Harvey Kellogg. Il était alors directeur d'un sanatarium à Battle Creek dans le Michigan. Il intégrait cette recette dans un régime végétarien qu'il donnait à ses patients.

Les corn-flakes sont aussi appelés flocons de maïs ou pétales de maïs.

Autres recettes:

Remplacez les corn flakes par des amandes effilées.

Astuces recette:

1. Rajoutez dans la recette des pépites de fraises, qui rajouteront un goût acidulé.

2. Rajoutez une ou deux cuillères de miel en fonction de votre goût.

ROSE DES SABLES

15 à 20 roses

1 Faire fondre

au bain marie

200 gr Chocolat noir en morceaux

50 gr de beurre

2 Ajouter

140 gr Corn flakes

3 Disposer

Sur une plaque mettre du papier sulfurisé, et placer des boules de la pâte, taille à votre convenance.

4 Laisser reposer avant de savourer

20 minutes

⚠ Cuisson à gérer par un adulte.

79

LE SAVAIS TU ?

CLAFOUTIS

L'origine du nom a été attestée en 1856 dans le Limousin.

Traditionnellement, les cerises ne sont pas dénoyautées afin que leur jus ne se mélange pas avec la pâte et que les cerises gardent leurs saveurs.

En Auvergne et dans le Limousin, le clafoutis s'appelle aussi le « milliard » ou le « millard ».

Si on remplace la cerise par de la pomme, la poire, l'abricot ou la prune, le gâteau portera le nom de « flaugnarde ».

Pour les clafoutis, la cerise la plus réputée est celle de Montmorency.

Le clafoutis aux bigarreaux marmottes non dénoyautés est appelé « cacou ». C'est une spécialité de Paray-le-Monial.

Variante:

Le clafoutis ayant eu une image un peu vieillotte a su renaître avec sa version salée dont tout le monde a créé sa propre recette. Le clafoutis salé est très apprécié en début d'été à servir en petit cube à l'apéritif.

Astuces de préparation:

1. Pour éviter que les fruits ne « tombent » au fond du moule, farinez-les, mettez-les dans votre préparation puis placez le tout une heure au réfrigérateur.
2. Une autre astuce pour éviter que les fruits ne tombent au fond, c'est de cuire la pâte 10 à 15 minutes au four, la ressortir placer les fruits et remettre la pâte au four.
3. Afin d'éviter la formation des grumeaux, ne pas ajouter le lait et la farine en une seule fois. Commencez par mettre un peu de farine avec le sel et mélangez. Puis ajoutez un peu de lait et mélanger. Avancez en continuant de rajouter la farine et le lait en mélangeant à chaque fois entre les ingrédients.

CLAFOUTIS

4 personnes

1. Préchauffer le four.
Thermostat 200 °C

2. Beurrer le moule et disposer les cerises
1. Nettoyer cerises
2. Couper en deux cerises
3. Retirer les noyaux des cerises

500 gr Cerises noires

- Disposer les cerises — 02
- Beurrer le moule — 01

3. Faire chauffer
25 cl de lait

4. Faire fondre
25 gr de beurre

5. Mélanger
- 3 oeufs
- 2 c à s de farine de blé
- 4 c à s de sucre en poudre

6. Disposer
Verser

7. Cuire dans le four
45 minutes

⚠ Cuisson à gérer par un adulte.

81

LE SAVAIS TU ?

COOKIE

Le premier cookie est apparu en 1938, créé par les cuisinières américaines Ruth Graves Wakefield et Sue Brides dans la ville du Massachusetts.

Lors de la Seconde Guerre mondiale, les soldats du Massachusetts qui combattaient à l'étranger partageaient leurs cookies avec les soldats américains des autres états. Le gâteau, c'est rapidement étendu dans le pays.

On doit la création du cookie au hasard.

La cuisinière n'avait plus de chocolat de boulanger. Elle décida de casser en morceaux une tablette de chocolat à la pâte. Elle pensait que le chocolat allait se mélanger à la pâte et fondre et ça n'a pas été le cas.

Etymologie:
Cookie est un mot anglais qui vient du néerlandais « koekje » qui veut dire petit biscuit.

La recette du cookie est arrivée au Royaume-Uni en 1956.

Le 9 juillet 1997, l'état du Massachusetts a désigné « le cookie aux pépites de chocolat » comme le biscuit officiel de l'état. La proposition a été faite par un enfant du CE2.

En 1990, on a vu apparaître des cookies différents dans le monde informatique. Ce sont des petits fichiers textes qui regroupent des informations sur notre navigation dès qu'on entre sur un site web.

82

COOKIE

12 gâteaux

⚠️ Cuisson à gérer par un adulte.

1 Mélanger
- 90 gr de cassonade en poudre
- 95 gr de beurre

2 Mélanger
- 1 sachet de sucre vanillé
- 1 oeuf

3 Mélanger
- 150 gr de farine tamisée
- 1/2 c à s de levure
- 1 pincée de sel
- 2 à 3 c à s de chocolat en poudre

4 Ajouter
- 100 gr Pépites de chocolat

5 Laisser reposer
- 1 heure

6 Déposer des petits tas de pâte

7 Cuire dans le four
- 8 minutes
- Thermostat 200 °C

83

LE SAVAIS TU ?

GÂTEAU CHOCOLAT

Il existe beaucoup de recettes du gâteau au chocolat. Pendant des siècles, le chocolat n'était utilisé qu'en boisson. C'est à la fin du XVIIIème siècle que le gâteau a été imaginé.

Surveiller la cuisson:

Ne dépassez pas les 180°.
Ne laissez pas trop cuire le gâteau. Le coeur du gâteau doit rester fondant. Tester la cuisson en plantant une lame de couteau, il doit rester humide. Pour le vérifier, en ressortant votre lame, il doit rester des traces de chocolat dessus.

Varier les plaisirs:

1. Remplacez une partie de la farine par une autre farine (1/3 ou 1/2. Farine de châtaignes, sarrasin, noix…
2. Remplacez la farine par de la poudre de fruits secs. Idéal pour faire un gâteau au chocolat sans gluten. Utilisez de la poudre de noix, de noisettes ou d'amandes. Vous pouvez aussi mélanger à 50/50 la poudre d'amandes avec la poudre noix de coco.
3. Variez les sucres. Remplacer le sucre par du sucre de canne ou du miel.
4. Mélangez les chocolats. Si vous mélangez avec du chocolat au lait penser à diminuer la quantité de beurre.
5. Rajoutez de la confiture à votre pâte. Framboise, orange, crème de marrons…
6. Rajoutez des fruits à votre pâte. Le plus connu est la banane, mais vous pouvez aussi mettre des pommes, des poires …

Astuces de préparation:

1. Remplacez la farine par de la maïzena ou de la fécule de pommes de terre apportera un plus de légèreté au gâteau.
2. Remplacez le beurre, en totalité ou en partie, par de la crème fraîche, la ricotta ou du mascarpone. Le résultat sera plus moelleux et plus léger.
3. Montez les blancs en neige permettra d'obtenir un gâteau plus aérien, moelleux.
4. Ne pas faire fondre tout le chocolat, rapez une partie du chocolat que vous aller intégrer à la pâte. Cette astuce est souvent utilisée par les grands chefs en cuisine.
5. Pour intensifier le goût du chocolat, intégrez du cacao en poudre en diminuant légèrement la quantité de chocolat fondu.

GÂTEAU CHOCOLAT | 6 personnes

1 Faire fondre au bain marie

200 gr Chocolat noir
100 gr de beurre

2 Mélanger et fouetter

200 gr de sucre en poudre
4 oeufs

3 Ajouter

70 gr de farine de blé

4 Beurrer le moule et remplir

5 Cuire dans le four

Thermostat 180 °C
30 minutes

⚠ Cuisson à gérer par un adulte.

LE SAVAIS TU ?

BROWNIE

Le brownie est d'origine américaine. Il a été inventé par le chef de l'Hôtel Palmer House à Chicago (Illinois) en 1893. Il s'appelait Palmer Cox.

Palmer Cox était écrivain et illustrateur. Il dessinait des personnages qui s'appelaient Brownie. Il a donné le nom de ses personnages à son gâteau.

Varier les plaisirs :

1. Remplacez les noix par des noix de pécan, noix de cajou, des pistaches, noisettes… Vous pouvez aussi faire moitié moitié.

Idée accompagnement :

1. Disposez au fond de l'assiette de la crème anglaise.
2. Posez le brownie par-dessus.
3. Recouvrez d'un filet de caramel au beurre salé, en zigzag.
4. Déposez sur le brownie des céréales croustillantes.
5. Dégustez.

Astuces de préparation :

1. Comme le chocolat doit fondre avec le beurre, vous pouvez le faire fondre au micro-onde. Réchauffer du chocolat sans beurre le ferait brûler au micro-onde.

2. Le secret d'un bon brownie, c'est le mélange des ingrédients. Fouettez les oeufs une fois cassés, mais pas trop et faites pareil avec le sucre. A chaque ingrédient rajouté, mélangez à peine. Le résultat doit être visqueux et granuleux.

3. Mélangez avec une spatule assez délicatement. N'utilisez pas le fouet.

86

BROWNIES AUX NOIX | 6 personnes

1. Mélanger

- 3 oeufs
- 1 pincée de sel
- 60 gr de farine de blé
- 120 gr de sucre en poudre
- 100 gr Noix décortiquées

2. Faire fondre au bain marie

- 250 gr Chocolat noir
- 150 gr de beurre

3. Beurrer le moule et remplir

4. Cuire dans le four

Thermostat 180 °C

15 minutes

⚠ Cuisson à gérer par un adulte.

87

SUR LES RÉSEAUX SOCIAUX

Si tu as aimé ce livre, tu peux nous suivre sur instagram:

@editions.kidkitchen

ou

scan le QR Code ci-contre.

NOTRE PAGE AUTEUR SUR AMAZON

DANS LA MÊME COLLECTION

Le livre sur les BISCUITS SECS, contient :
- 5 recettes de bases.
- 10 recettes de biscuits classiques.
- 11 recettes à base de fruits.
- 6 recettes à bases d'épices.
- 13 recettes à bases de chocolats.

Biscuits secs

Editions KidKitchen

Copyright © Editions KidKitchen - Février 2022 - book.kidkitchen@gmail.com

Toute représentation ou reproduction intégrale ou partielle faite sans le consentement de l'auteur ou de ses ayants droit ou ayants cause est illicite. Il en est de même pour la traduction, l'adaptation ou la transformation, l'arrangement ou la reproduction par un art ou un procédé quelconque. Article L.122-4 du code de la propriété intellectuelle. Cette représentation ou reproduction, par quelque procédé que ce soit, constituerait une contrefaçon sanctionnée par l'article L.335-2 du code de la propriété intellectuelle.

Printed in Great Britain
by Amazon